改訂新版

日本語→中国語

くち
口を鍛える
中国語作文

―語順習得メソッド―

上級編

平山邦彦　著

コスモピア

本書執筆にあたって （前書にかえて）

　本書は、次の３点をねらいとして執筆しました。

１. 文の構造・語順を理解した上で、中国語の作文を行う。

２. 日本語から中国語へ変換するトレーニングによりスピーキング能力を鍛え、中国語的発想（中国語脳）を習得する。

３. 実用性の高い単語 800 ～ 900 語程度を 600 文の中で習得する。

　読者の皆さんは、初級編・中級編の学習と変換練習を通して中国語の基本語順に関する理解がかなりの程度で定着していることと思います。それをベースとして、更なるステップアップとして、より豊かな表現をマスターしてほしいと考えています。

① **動詞・形容詞に対する連用修飾表現の補強（PART 1 参照）。**

　※ここでは知っておくと便利な副詞や、複数の意味を持つ前置詞等をすっきりした形で整理しました。

② **中国語の補語を使った慣用表現のマスターと、理解の定着（PART 2 参照）。**

　※ここでは覚えておくと便利な補語表現を用意しました。

③ **「動詞＋目的語」のバリエーションを増やす（PART 3 参照）。**

　※中国語は「動詞＋目的語」の形に独自の表現がたくさんあります。その中で、日本人学習者の私たちにとって難点や重要な点と思うものをピックアップしました。

④ **同じ漢字を持つ単語のマスター（PART4 参照）。**
　※中国語の単語の中には、同じ漢字が使われていて形の見分けのつけ
　　にくい形になっているものがあります。練習を通して、そのような
　　単語をしっかりと整理していきます。

⑤ **各種慣用表現のマスター（PART5 参照）。**
　※ここでは覚えておくと便利な慣用表現を取り揃えています。

　さらに①〜⑤の内容以外に、単語や例文においても初級編・
中級編同様実用性の高い単語を提示することにも気を配って
おります。

　以上のように上級編では、初級編・中級編から加算された
内容が豊富に盛り込まれています。上級編でも根気強くがん
ばりましょう。

　9ページより本書コンセプトを紹介しました。本書が読者
の皆さん一人一人にとって中国語運用力アップの更なる一助
になることを願っています。

　新版執筆に際し、例文も再チェックを行っています。各課
のポイントを押さえつつ、中国語としてより自然な例に仕上
げてまいりました。編集にあたりコスモピア株式会社の川田
直樹氏にはたいへんご尽力いただきました。ここに深い感謝
の意を記させていただきたいと思います。

平山　邦彦

Part **1** 動詞・形容詞の修飾の幅を広げよう

Part **2** 補語の慣用的な表現を増やそう

動詞＋目的語のバリエーションを増やそう

同じ漢字を持つ単語をまとめて覚えよう

Part **5** 慣用表現を覚えよう

本書コンセプトの紹介

1 文の構造・語順を理解した上で、中国語の作文を行う

「文の構造と文法理解」という中で、本書では特に**語順体系に対する理解**を重視しています。語順はどの言語においても重要な内容ですが、中国語においては特にその重要さが際立っています。その意味から、本書では特にこの語順を念頭に置いた解説を随所に入れるよう心がけました。**PART1、PART2、PART3 では全般的に初級編・中級編で学んだ語順の復習を兼ね**、定着を図っています。そして、**PART4、PART5 では、PART1 〜 PART3 の学習を通して定着させた語順理解を礎に、個別の単語や各種慣用表現に対する理解を深める**ことが重点となっています。これら５つのパートを学習することで、さらに幅広い運用力の習得が予想されます。

　以下本書で取り上げた文法項目を（主に PART1、PART2、PART3 を中心に）、語順ルールという観点からまとめておきたいと思います。初級編・中級編で学習した内容を振り返ると共に、その理解を深めてください。

語順習得のポイント

　中国語の基本語順は「主語＋述語（＋目的語）」です。複雑な語順も、その中の「主語」「述語」「目的語」「述語＋目的語」のどこかの部分が肉付けされたものです。なので、複雑な語順を理解する場合も、どのように**コーティング（肉付け）**されているかを理解すれば、割と簡単に理解しやすくなります。本書は大きく以下の２つの枠組でとらえています。

枠組① 述語へのコーティング

（其の一）述語への前からのコーティング
（連用修飾語を使った表現）⇒ Part1　1 ～ 20 課

　中国語の連用修飾語は、述語の前に置かれます。この点は、日本語と同じになります。その中で、PART 1 は大きく３つのパターンに分けることができます。

1 副詞を使った連用修飾語を導く形式　⇒ 1 ～ 10 課

　この部分では、覚えておくと便利な**副詞表現**を各種用意しました。副詞表現のレパートリーを増やしていきましょう。

> 例 1〕想 坐 的 公共汽车 **已经** 走 了。〔1 課 - ②〕
> 　　（乗りたかったバスは**すでに**行ってしまった）

例2〕前田 先生 **一定** 会 考上。〔4 課 - ⑥〕
　　　副詞
　　（前田さんは**きっと**試験に合格するだろう）

例3〕会议 **都** 开始 了。〔8 課 - ⑤〕
　　　　　　副詞
　　（会議は**もう**始まっています）

2 疑問詞を使った連用修飾 ⇒ 11 課

　この部分では、疑問詞 **"怎么"** を扱っています。「**どのように**」と手段や方法を尋ねる用法と、「**なぜ**」と原因、理由を尋ねる用法があります。

例1〕这个 手机 **怎么** 使用?〔11 課 - ①〕
　　　　　　　疑問詞
　　（この携帯電話は**どうやって**使うの）

例2〕你 **怎么** 不 说话?〔11 課 - ⑦〕
　　　疑問詞
　　（**どうして**何も言わないの）

　2種類の **"怎么"** の使用パターンをしっかりと整理しましょう。

❸「前置詞 + 名詞」を使った連用修飾　⇒ 12 ～ 20 課

　この部分では、覚えておくと便利な、或いは重要度の高い**前置詞**表現を各種ピックアップしました。

> 例 1〕我 平时 **在 图书馆** 学习。〔12 課 - ①〕
> 　　　　　**前置詞** **名詞**
> （私は普段**図書館で**勉強しています）
>
> 例 2〕那个 留学生 上个月 **从 越南** 来 了。
> 　　　　　　　　　　　　　**前置詞** **名詞**　〔13 課 - ①〕
> （あの留学生は先月**ベトナムから**やってきました）
>
> 例 3〕老师 **对 棒球** 很 感 兴趣。〔16 課 - ②〕
> 　　　　　**前置詞** **名詞**
> （先生は**野球に対して**とても興味がある）

　「前置詞 + 名詞」の形は、原則主語の後に置かれますが、中には、文頭で使われることが多い以下のようなパターンもあります。

> 例 4〕**在 我们 班** 上，他 是 大家 所 注 目 的 人 物。
> 　　**前置詞** **名詞**　　　　　　　　　　　〔12 課 - ③〕
> （**私達のクラスで**、彼は皆から注目された人物です）

　このようなパターンも、例文を覚えながら慣れていきましょう。

（其の二）述語への後ろからのコーティング
（補語表現）⇒ Part2　21 〜 32 課

　補語とは述語の後について補足説明する成分です。中国語の大きな特徴として、補語が発達しているという点が挙げられます。ですので、補語を整理しておくことは、中国語マスターにおいて必要不可欠となります。

1 結果補語

　結果補語とは、動作を行った結果どうなるのか、或いはどうなったのかを示す補語です。中にはもともとの動詞や形容詞の意味がはっきり残っているものから、それから派生した抽象的な意味を表すものがあります。抽象的な意味を表す結果補語については、結びつく述語（動詞）がパターン化されているものも少なくありません。ですので、ペアで覚えておくと便利です。

> 例1〕 **我 上次 见到了 他，他 还是 老样子。**
> 　　　　　　　**結果補語**　　　　　　　　〔21 課 - 1〕
> （私が前回彼に会った時、彼はやはり相変わらずでした）
>
> 例2〕 **雨水 挡住了 我 的 视线，雨刷 也 没用。**
> 　　　　　**結果補語**　　　　　　　　　　〔24 課 - 1〕
> （雨が私たちの視界を遮っており、ワイパーも役に立ちません）

　以上の文では、**"到""住"**がそれぞれ結果補語として用いられています。また**"见到"**（会う）、**"挡住"**（さえぎる）も慣用表現として使われます。一つのセットと覚えておくといいでしょう。

2 方向補語

　方向補語（D）は動詞（V）の後につけて、動作の方向を示すものです。こちらも、具体的な動作方法を表すものから抽象的な意味を表すものまであります。また、この種の補語は、方向動詞 **"来 / 去"** といっしょに使われ、**"動詞＋方向補語＋来 / 去"** の形で使われることも少なくありません。

> 例1〕**先 坐下 吧，然后 再 谈一谈。**〔26 課 - ③〕
> 　　　　 **方向補語**
> 　（まずは座ってください。それからまたお話しましょう）
>
> 例2〕**拿出 辞典**〔27 課 - ①〕
> 　　 **方向補語**
> 　（辞書を取り出す）
>
> 例3〕**何必 改过来 呢?**　〔28 課 - ③〕
> 　　　　 **方向補語**
> 　（直すことなんかないじゃないか）

例1）の **"下"** は動作の方向が下に向かっていることを示しています。例2）の **"出"** は動作の結果、中から外へ出ることを表しています。例3）の **"过来"** は、方向補語 **"过"** に方向動詞 **"来"** のついた形です。**"过来"** で正常な方向に向かっていくことを表しています。

3 可能補語

可能補語は動詞（V）の後につけて **"V 得…"** 或いは **"V 不…"** の形で用いられます。前者は「〜できる」という意味を表します。後者は「〜できない」という意味を表します。可能補語は否定の形 **"V 不…"** の方が使用頻度が高くなります。

例1〕 抓**不住** 盖儿〔24課 - 5〕
　　　可能補語
　　　（蓋をしっかりつかめない）

例2〕 坐**不下** 六个人〔26課 - 4〕
　　　可能補語
　　　（6人も座れない）

例3〕 死了 肯定 也 改**不过来**〔28課 - 2〕
　　　　　　　　　　　　可能補語
　　　（死んでもきっと治らないだろう）

例4〕 来**不及**〔32課 - 1〕
　　　可能補語
　　　（間に合わない）

例5〕**忘不了**自己 的 四年 大学 生活〔23 課 - ⑧〕
可能補語
（自分の四年間の大学生活を忘れられない）

　可能補語は、結果補語や方向補語をベースとしたものと、可能
補語としてのみ用いられるタイプがあります。例１）の**"抓不住"**
は結果補語**"住"**を用いた**"抓住"**（しっかりつかむ）という表現
をベースとしています。また例２）の**"坐不下"**（座れない）は方
向補語**"下"**を用いた**"坐下"**（座る）という表現がベースとなっ
ています。例３）の**"改不过来"**（改められない）も、方向補語**"过"**
と方向動詞**"来"**が用いられた**"改过来"**（改まる）がベースとなっ
ています。一方、例４）の**"来不及"**、例５）の**"忘不了"**はそれ
ぞれ動詞に**" - 不及""- 不了"**と否定の可能補語がついた形にな
ります。対応する**"* 来及""* 忘了 wàngliǎo"**という表現はあり
ません。

枠組② 「動詞＋目的語」のバリエーション

　この部分では、「動詞 + 目的語」のコーティングされた表現を見
ていきます。中国語らしい語順の特徴をつかみましょう。

　**（其の一）１つの主語に対して２つ以上の動作（「動詞（＋目的
語)」）の続いていく形式**

1 連動文　⇒ 34、36 課

　連動文とは、**同じ主語に対して時間の流れに沿ってその動作が**

並べられていく文です。日本語に訳すと「…して〜する」と訳すことができます。本書では２種類とり上げました。

例１）我 **有** 事 想 跟 你 **商量** 一下。〔34課 - ①〕
[動詞]   **[動詞]**
（私はあなたと相談したい事があります）

例２）我 **没有** 时间 **伺候** 你。〔34課 - ②〕
[動詞]   **[動詞]**
（私はあなたの世話をしている暇はない）

例３）主队 **借**着 客队 的 失误 **去** 一个 劲儿 地 攻击。
[動詞]   **[動詞]**   〔36課 - ②〕
（ホームチームは、ビジターチームのエラーに乗じて
一気に攻めました）

例１）は **"有"** を使ったタイプの連動文です。「あなたと相談したいことがある」と訳されていますが、「用事があってあなたと相談したい」と訳すこともできます。例２）も **"有"** を使った連動文が否定文として使われています（**"有时间伺候你"** の部分は「時間があってあなたの世話をする」と訳すこともできます）。例３）は手段を表す **"去"** が使われています。こちらも「エラーに乗じて〜」と上に提示したパターン通りの訳が当てられています。見ることができます。

2 兼語文 ⇒ 33、34課

兼語文とは、**目的語が後ろの動詞の主語を兼ねている文**です。

> 例1） 工人 要求 **公司** 提高 基本 工资。〔33課-②〕
> **兼語**
>
> （労働者側は会社にベースアップを要求しました）
>
>
> 例2） 我 建议 **老师** 提高 教学 水平。〔33課-④〕
> **兼語**
>
> （私は先生に授業のレベルを上げるよう提言しました）
>
>
> 例3） 我们队 有 很多 **选手** 能 打 本垒打。
> **兼語**　　　　　　　　　〔34課-⑤〕
>
> （私達のチームはホームランを打てる選手がたくさん
> います）
>
>
> 例4） 城市里 的 图书馆 没有 **地方** 能 使用 电脑。
> **兼語**　　　　　　〔34課-⑥〕
>
> （市内の図書館にはパソコンを使用できる場所があり
> ません）

　本書で扱った兼語文は大きく分けて2つのタイプがあります。
例1）例2）は、「ある動作をヒトに言って～させる」というタイ
プの文です。別の言い方をすれば「誰かに何々するよう働きかける」
タイプの文になります。例3）例4）は **"有"** を使った兼語文です。
日本語では「～する…がある／いる」という訳が当てられます。

3 "…来…去" 構文 ⇒ 35課

中国語の文には、連動文と異なり同じ主語に対して続く2つの動作に、発生順序の違いのないものがあります。本書では "…来…去" の形を取り扱っています。

> 例1〕**走来走去**〔35課 - [1]〕
> （歩き回る）
>
> 例2〕**想来想去**〔35課 - [2]〕
> （あれこれ考える）

4 同じ動詞を繰り返す文 ⇒ 40課

中国語の中では、動作の様子、回数、時間量等を表現する際に、最初に「動詞＋目的語」を出し、その上で動詞を繰り返すという方法があります。

> 例1〕**滑冰 滑得 不 太 好**〔40課 - [2]〕
> 動詞　動詞
> （スケートがそんなにうまくない）
>
> 例2〕**坐 新干线 坐过 一 次**〔40課 - [3]〕
> 動詞　　　　動詞
> （新幹線に一度だけ乗ったことがあります）
>
> 例3〕**跑 步 跑 一个 小时**〔40課 - [8]〕
> 動詞　　動詞
> （1時間ジョギングをする）

例1）は動作の様態、例2）は動作の回数、例3）は動作を行う時間の長さが述べられています。私たち日本人には、この形式に、少し慣れない部分があるかもしれません。頭の中に入れておきましょう。

また、動詞を繰り返さない方法もあります。繰り返さない方法に関して、例1）のタイプは**中級編第5課**で紹介しています。例2）のタイプは**初級編44課**で紹介しています。また、例2）、例3）に関しては**本書第39課**でも紹介しています。

（其の二）述語の後に数量詞が含まれる文　⇒ Part3 37 ～ 39課

中国語の量詞は3種類あります。（1）ヒトやモノの数を数える**「名量詞」**（2）動作量、動作の回数を数える **「動量詞」**、（3）動作を行った時間の長さを数える**「時量詞」**。これらが数詞と合わさり**「数量詞」**となります。そして数量詞が名詞や名詞性の語句と一緒に述語の後に置かれる時、通常は数量詞の方が先に置かれます。

例1〕我 在 邮局 寄出了 **两 箱子** 书。〔37課 - ②〕
数量詞
名量詞
（私は郵便局で、2箱分の本を郵送しました。）

例2〕这个 游泳池 有 **一百米** 宽，有 **两米** 深。
数量詞　　　　　**数量詞**
〔38課 - ⑤〕
（このプールは幅100メートル、深さ2メートルあります。）

例3〕聊了 **一个 晚上** 的 天儿 〔39 課 - ⑤〕
数量詞
（一晩中話し込んだ）

例4〕吃过 **一次** 鱼子酱 〔39 課 - ②〕
動量詞
（一度キャビアを食べたことがある）

例1）では**"箱子"**は「名量詞」として使われ、「数量詞」**"両箱子"**（2箱分の）という形で **"书"**（本）を修飾しています。例2）では **"一百米"**（100 メートル）、**"両米"**（2 メートル）という「数量詞」が**"寛"**（広さ）、**"深"**（深さ）を修飾しています。例3）で **"一个晚上"**（一晩中）は時間の長さを表し、**"一次"**（一度）は動作の回数を表しています。どれも名詞性の語句よりも先に置かれています。

※但し、下の例5）ように例外もあります。動作の回数が代名詞と一緒に用いられる時、回数の方が後にきます。

例5〕看了 他 **一眼** 〔37 課 - ④〕
動量詞
（彼をちらりと見た）

2 日本語から中国語へ変換するトレーニングによりスピーキング能力を鍛え、中国語的発想（中国語脳）を習得する。

　自分の体験については初級編でも述べましたが、もう一度しておきたいと思います。筆者自身外国語学習者の体験談（多くは英語に関することですが）などで「読み書きはある程度できるが、全く話すことができません」という話を耳にすることがあります。これは、中国語学習についても同じことが言えるように思います。筆者が学生を教えている中でも、定期試験、検定試験等で割と高得点をとる学生さんでも、話すことに自信を持っていない人も少なくありません。言わば、知識としては身につけているものの、実践できる能力としてまで鍛え上げられていないことがうかがい知れます。その理由を考えると、大きな要因の一つとして**中国語脳**が出来上がっていない点を挙げることができます。

　私自身、高校時代の英語学習からやってきた方法として暗記学習があります。また大学に入った後の中国語学習でも同じ方法で続けてきました。今考えてみると、地道にこの作業をやっていたことが、会話能力の基礎を形作る上で役立ったことを感じています。特にそれを感じたのは留学に行ってからのことでした。私は大学院修士の終わった後に北京大学に２年間留学しました。この時の留学は、自分自身にとって実は初めての留学であり、初めての中国でした。これまで中国語を専門として６年間学んでおり、ある程度の知識は身につけていたつもりでしたが、やはり会話の

実践となると、場数を踏んでいたわけではないので多くの不安を
持っていました。実際は、細かい部分では難しいこともありまし
たが、基本的な会話部分はすらりと口から出てきて、留学当初か
ら会話になじむという点に関しては、思ったほど時間はかからな
かったように思います。今振り返ってみても、地道に単語量を増
やしていったことと、基本構文を日本語から中国語に反射的に変
換できるような反復練習を行った効果が大きかったように思いま
す。

　やはり、話せるようになるためには、そのような反復練習を通
して、頭の中に話すための回路を作ること、つまり中国語脳を作
ることが大切になります。

　さて、ここからは、**日本語脳**と**中国語脳**という点について考え
てみましょう。これらの違いから見られる間違いはいくつも見る
ことができます。以下に3点ほど代表的な例をあげておきます。

　　　　　　　　　　　　　＊ の印は文法的に誤りのある文

　例1 気の利いた言葉が浮かばない
➡ ＊ **想不出来 好词儿**
　　（○ **想不出 好词儿 来**　27課 - ⑧）

　例2 ロシア語を流暢に話す
➡ ＊ **说 俄语 得 很 流利**
　　（○ **说 俄语 说得 很 流利**　40課 - ①）

　例3 私に一冊の中国語に関する本を貸してくれる
➡ ＊ **给 我 借 一 本 汉语书**
　　（○ **借 给 我 一 本 汉语书**　20課 - ⑥）

例1 、 例2 の表現は日本人学習者の誤用例としてもよくとりあげられ、授業中でも頻繁に見られる例です。

例1 は、初級編、中級編のコンセプトの中でもとりあげましたが、私たち日本人には間違いやすい項目ですので、もう一度とりあげます。**述語の目的語と方向動詞 "来" "去" を用いた際の語順**が問題となります。方向動詞 "来" "去" は、通常、目的語 O の後ろに置かれます。この点に関しては、基本用法と同様派生用法でも、"来" "去" を目的語の前に置くという誤用は多く見ることができます。この部分に関しては、「来る」「行く」を用いた複合動詞の影響が大きいように思われます。日本語の語感としては「Ｖしてくる」「Ｖしていく」は、１つの動詞と感じられるのではないでしょうか。

この場合の "来" は拡張用法ですので、「来る」という具体的な意味は表していません。しかし、それでも「Ｖしてくる」という日本語表現の残像が大きな影響を残しているものと考えられます。なので、その感覚から SVO に変換して、 例1 のような間違いを引き起したことは、容易に想像することができます。

例2 は**動詞の繰り返し表現**です（第 40 課参照）。私たち日本人には、動詞を繰り返すという表現方法はありません。またこの繰り返し表現は、私たち日本人の多くが第一外国語として学んだ英語においても見覚えのない語順です。ですので **"说俄语"** の後に、また **"说"** を使うことが思いつけず **"* 说俄语得很流利"** という間違いを犯す方も多いのではないのでしょうか。

　　例3　は「ヒト（の為に）Ｖする」という表現です。中国語では動詞の意味によって**"给＋ヒト＋V＋モノ""V 给＋ヒト＋モノ"**の違った語順の表現が用いられます（詳細は第 20 課を参照して下さい）。**動詞の違いで語順表現が変わる**というのも、日本語にはない特徴ですので、なかなか理解しにくいことだと思います。ですので、前置詞**"给"**が頭に浮かび**"* 给我借一本汉语书"**等と間違いを犯すことは容易に想像できるのです。

　　このような構文についても、しっかり理屈を押さえ何度も暗記練習を行い、自然に文が発せられるレベルに高めていきましょう。そのプロセスを通して、中国語的な発想が徐々に養われていくことになります。

　　本書でも、文法項目をテーマとして１課ずつまとめられています。日本語と中国語が左右対称に８例示されています。これらの８例について日本語文を見て中国語文に瞬時に変換できるようレベルにもっていってもらいたいと思います。75 課全ての例文について頭で考える時間を要さず、反射的に生産できるレベルに達していれば、中国語脳がかなり形作られていることが考えられます。

3 単語 800 ～ 900 語程度を 600 例文の 中で覚えることができる

　本書では、800 ～ 900 語の単語が網羅されています。これは、初級編・中級編とほぼ同数の新出単語となります。ですので初級編から勉強していけば単語量が 3 倍に増えることになります。これだけの単語量をしっかり覚えれば、円滑なコミュニケーションを行う上で大きな武器になります。どんどん実践で使っていければ、日常のやりとりでの困難も大分少なくなることが予想されます。またドリルで取り上げた構文も日常会話等で必要とされる内容の大部分を網羅しています。さらには、例文に関しても、耳にする会話、ニュースや新聞等で耳にした記憶をもとに、使用頻度や実用性の高いと思われる単語や表現を積極的に盛り込みました。その中のいくつかを紹介いたします。

○　私は 1000 円札がないのだけど、くずせますか。
⇒我 没有 一千 日元 纸币，能 破开 吗?

(30 課 - 8)

○　お酒の量を減らしたら。肝臓によくないよ。
⇒你 少 喝 一点儿 酒 吧。对 肝脏 不好。

(70 課 - 8)

○　もういい。もういい。あなたに免じて今回は許し
　てあげよう。

⇒算了，算了。**看在** 你 的 面子 **上**，我 这次
　原谅 你。

（71 課 - ⑦）

トレーニングの進め方

学習は１課ごとに進めましょう。

ステップ ▶ 1 学習内容と文法をチェック

　タイトル（左ページ上）と【文法をおさえよう】（右ページ上）を見て、学習内容と文の語順・文法を確認します。ここで、どの点が習得すべき事項となるのか大まかな部分を把握します。

ステップ ▶ 2 左ページ日本語文を見て中国語作文をする

　各課のタイトルとポイントを確認した後に例文に移ります。まず例文一つずつに際し次の作業を行います。

（ⅰ）日本語文を確認。

（ⅱ）自分で文を考えてみる。（もしも思い浮かばなければ、すぐに（ⅲ）の作業に移る）。

（ⅲ）中国語文を確認してみる。

　この時点で、学習者の皆さんご自身の考え付いた文と照らし合わせてみて、正解なのか否かを確認します。間違った部分や思いつかなかった部分があれば【文法をおさえよう】や【補足メモ】の解説を照合しながら理論的に理解を深めていきます。

ステップ ▶ ③ 中国語文を声に出して読む

　まずは、<u>１～８の文について日本語文と対照しながら中国語文を読んで</u>いきます。この際 音声を聴き、中国語のリズムを確認しながら読んでいくと、発音やイントネーションが理解しやすくなります。８つの文全てに対して詰まることなく読めるようになったことを確認したら、次の練習に移ります。

ステップ ▶ ④ 音声の日本語文を聴いて反射的に中国語文に変換する

　<u>日本語文を聴いて、反射的に中国語文に変換</u>していく練習を行います。

　間違いや詰まる部分がなくマスターできれば、その課はクリアと考えて結構です。もしも変換できない文があれば、変換できるまで練習をしましょう。

ステップ ▶ ⑤ 音声を聴いてシャドーイングをする

　文を瞬時に変換できるレベルに達した (基本構文が口に染み付いた) 後、仕上げとしてリズムを確認しながら発音します。狙いは、外国人的な発音を強制し、ネイティブらしいイントネーショ

ンを身につけていくことにあります。**文の構造と意味を噛みしめ
ながら、音声の声について読む作業（シャドーイング）を行います。**
耳と口、そして理論（脳）という総合的側面からしっかりとした
理解を固め、ネイティブらしい中国語を身につけていきます。

　以上、学習方法のサンプルを示しておきました。示した事例は、
あくまで筆者の経験と先行研究の成果をもとに紹介させていただ
いた事例になります。単純なプロセスですが、コツコツやってい
くことで、大きな力となることは間違いありません。正に「継続
は力なり」です。
　なお上の学習プロセスについては、特に進度やノルマは設定し
ていません。例えば１課ごとの学習において、１から５を全て１
日で行える人もいるでしょう。暗記できる容量、時間的な制約で
厳しい方もいらっしゃるかもしれません。その場合は分けて行う
形でも結構です。皆様のニーズに合わせた無理のない程度で学習
を行ってください。

音声ダウンロードについて

*アプリをダウンロードするためには、audiobook.jp での
会員登録（無料）が必要です。下記の手順でご利用ください。
アプリでは、速度変更や繰り返し再生が可能です。

●コスモピアのダウンロードサイトへ
行くには下記の3つの方法があります。

① audiobook.jp の下記サイトから

② google などのサイトで
「コスモピア シリアルコード」と検索

③ 右上の QR コードから

会員登録は無料!

コスモピア シリアルコード入力フォーム

● コスモピア
シリアルコード入力フォーム

この度は、コスモピアの音声をお買い求めいただき、誠にありがとうございます。

https://audiobook.jp/exchange/cosmopier

---

*上記サイトでシリアルコードを入力したときに、会員登録をしていないと、
「会員登録をしてください」という表示が出てきます。そこをクリックすると
無料登録の画面にいきます。そこで、登録をしてください。

1
上記の画面で
8桁の
シリアルコード*
を入力

2
登録をしていなか
った場合には、画
面の指示に従って
会員登録（無料）

3
audiobook.jp の
本棚から
ダウンロード
スマホの場合は、アプリ
「オーディオブック」から！

---

* 8桁のシリアルコード C0020009 をご入力ください

*アプリでご利用の場合のご注意
アプリ内からはシリアルコード検索ができないため、シリアルコード検索は必ずブ
ラウザ上で上記の URL にてお願いいたします。一度シリアルコードで検索した音声
は、アプリに連携され、スマホなどで再生が可能となります。

* PC をお使いの方へ
PC から本書の音声をダウンロードしたい場合は、*p.255* をご参照ください。
コスモピア公式サイトから、音声をダウンロードする手順を説明します

トレーニングの注意点

1 大きな声を出して練習しよう

　本書はペーパーテストの練習ではなく、**スピーキング力を高める**ための本です。ですので、練習を行う際には、大きな声で読んでいくことが大切です。これは語学学習の中で昔から言われてきたことですが、本書でも同様のことを強調させていただきます。**近年は脳研究の立場からも、声を出して練習する場合の脳の働きは、黙読するよりもはるかに脳の働いていることが報告されています。**単純な話ですが、間違いを恐れずに大きな声で読んでいきましょう。

2 リズムを意識しよう

　外国語学習の初級段階では「発音が重要だ」と言われてきたことと思います。正しい発音、きれいな発音というのは重要な要素ではあります。但し、あまり1つ1つの発音に捉われすぎると返って構文習得の妨げともなりえます。実際筆者自身も、その点がネックとなっているような学習者を何人も見てまいりました。ヒトの認知構造はある物を**まとまり（チャンク）**として捉える機能が備わっています。よって正しい発音であっても、それがどういうチャンクの中で発せられているのか認識できなければ、その意味が相手にも伝わらなくなります。その点から考えても、流れるリズム

という点に意識するといいでしょう。**単語1つ1つ細切れにならないように、できるだけリズミカルに読んでいきましょう。**単語間の息継ぎにあまり長い時間をかけすぎないようにしましょう。

③ 全ての文を完璧にマスターしよう

　冒頭でもお話しした通り、本書は文法的な体系をしっかり理解し、中国語コミュニケーションで必要とされる基本構文をスムーズに産出できるようになることを目標としています。しっかり文を習得できているか否か、文の一言一句に間違いや詰まった部分があればしっかりチェックし、修正しましょう。

④ 1グループずつ着実に理解して次のステップへ

　本書は語順体系をもとに全75課を5つのPartに分類しています。よって、次のPartにコマを進めていくには、前のPartの語順体系をしっかりマスターしておく必要があります。**必ず各Partの語順体系をしっかりマスターしたかどうかを確認した上で、次のPartにコマを進めてください。**もしも、各Part内で反射的に中国語変換の行えないグループがあれば、その部分をしっかり補強し、次のステップにはコマを進めないでおきましょう。

本書の構成

1

p38 ～ 195

〔文の構造図〕
文の構造が一目で把握できる
ように、なるべく図式で表しています。

1

副詞① "已经" "早就" "刚" "刚刚"

主語 + "已经" + 動作。

<u>S</u>　　　　　　<u>V</u>

「S はすでに V した」

🔊 Audio ▶ 01

① 原稿の締め切りが**すでに**過ぎています。頼みますよ。

② 乗りたかったバスは**すでに**行ってしまった。やはり歩いて家に帰ろう。

③ 私は一杯飲んだ**ばかり**で、**すでに**酔っぱらいそうに感じました。

④ 彼は私と約束した**ばかり**なのに忘れてしまった。本当に信用しがたい。

⑤ 私は大学を卒業した**ばかり**で、学生気分がまだ抜けていません。

⑥ 噂は**とっくに**広まってしまいました。もう収拾がつきません。

⑦ 見たかった映画は、**とっくに**終わってしまった。実に残念だ！

⑧ 私は風呂から上がった**ばかり**で、のどが渇いてたまりません。

補足メモ

①．"拜托你" は「頼みますよ」という意味の慣用表現。
⑤．「大学を卒業する」は "(从) 大学毕业" となります。"⋆ 毕业大学"
と言わないよう気をつけましょう。

38

〔音声〕
Audio
01 ～ 116
日本語→中国語
の順番で収録されています。

〔補足メモ〕
例文で説明が必要なものについて、
ここで簡単な説明をしています。

34

〔**文法をおさえよう**〕
該当番号を明記しています。どの文に当た
るのかをしっかりとチェックしましょう。

文法 をおさえよう

☆ "已经""早就""刚""刚刚"を用いた表現

◎ "(S) ＋已经＋動作Ｖ＋了"：「ＳはすでにＶした」… ①②③⑨

◎ "(S) ＋早就＋動作Ｖ＋了"：「ＳはとっくにＶした」…… ⑥⑦

◎ "(S) ＋刚 / 刚刚＋動作Ｖ"：「ＳはＶしたばかりだ」

.... ③④⑤⑧

原稿的截止日期**已经**过去了，拜托你。
Yuángǎo de jiézhǐ rìqī **yǐjīng** guòqù le, bàituō nǐ.

想坐的公共汽车**已经**走了。还是走着回家吧。
Xiǎng zuò de gōnggòng qìchē **yǐjīng** zǒu le. Háishi zǒuzhe huíjiā ba.

我**刚**喝了一杯酒，就**已经**觉得要醉了。
Wǒ **gāng** hēle yì bēi jiǔ, jiù **yǐjīng** juéde yào zuì le.

他**刚**和我约定好就忘掉了。真是难以置信。
Tā **gāng** hé wǒ yuēdìnghǎo jiù wàngdiào le. Zhēn shi nányǐ zhìxìn.

我**刚刚**大学毕业，学生气还没消失。
Wǒ **gānggāng** dàxué bìyè, xuésheng qì hái méi xiāoshī.

谣言**早就**传开了，**已经**无法控制了。
Yáoyán **zǎojiù** chuánkāi le, **yǐjīng** wúfǎ kòngzhì le.

想看的电影**早就**放完了。真是遗憾！
Xiǎng kàn de diànyǐng **zǎojiù** fàngwán le. Zhēnshi yíhàn!

我**刚**洗完澡，嗓子渴得要命。
Wǒ **gāng** xǐwán zǎo, sǎngzi kěde yàomìng.

⑥ "无法〜" は「〜する術がない」という意味の慣用表現。

〔**日本語文・中国語文**〕
各課、文法の該当箇所は
分かりやすく太字にして
あります。

本書の構成

2

p.197 ～ 225

50 音順
フレーズトレーニング

こでは本文中で使用しているフレーズ（句）を 50 音順に配列してあります。音声を聴いて覚えましょう。このトレーニングをすることで本文の作文がしやすくなります。

〔音声ファイルの番号〕
Audio76 ～ 116
日本語→中国語
の順番で収録されています。

本文の番号
本文のどの例文で使用しているのか分かるように番号を表示しています。

🔊 Audio ▶ 76　　　　　　【あ】

□ 赤字が出る	⇒ **出现亏空** chūxiàn kuīkong	63-②
□ 諦めない	⇒ **不死心** bù sǐxīn	52-⑤
□ アクが強い	⇒ **个性强** gèxìng qiáng	53-⑤
□ 足をひねった	⇒ **扭了脚** niǔle jiǎo	22-⑤
□ 頭を巡らせている	⇒ **在思考什么问题** zài sīkǎo shénme wèntí	35-①
□ あなたとは関係ない	⇒ **跟你没有关系** gēn nǐ méiyou guānxi	65-⑤
□ あなたに一日猶予をあげる		
	⇒ **给你缓期一天** gěi nǐ huǎnqī yì tiān	39-⑧
□ 油を売る	⇒ **磨洋工** mó yánggōng	8-⑧
□ アマチュア劇団	⇒ **业余剧团** yèyú jùtuán	38-①
□ アルコールが苦手だ	⇒ **酒量小** jiǔliàng xiǎo	57-②
□ あれこれ相談する	⇒ **商量来商量去** shāngliánglái shāngliangqù	35-⑧

198

Part

1

動詞・形容詞の
修飾の幅を広げよう

主語＋ "已经" ＋ 動作。
S　　　　　　　　V

「S はすでに V した」

🎧 Audio ▶ 01

① 原稿の締め切りが**すでに**過ぎています。頼みますよ。

② 乗りたかったバスは**すでに**行ってしまった。やはり歩いて家に帰ろう。

③ 私は一杯飲んだ**ばかり**で、**すでに**酔っぱらいそうに感じました。

④ 彼は私と約束した**ばかり**なのに忘れてしまった。本当に信用しがたい。

⑤ 私は大学を卒業した**ばかり**で、学生気分がまだ抜けていません。

⑥ 噂は**とっくに**広まってしまいました。もう収拾がつきません。

⑦ 見たかった映画は、**とっくに**終わってしまった。実に残念だ！

⑧ 私は風呂から上がった**ばかり**で、のどが渇いてたまりません。

足
メ
モ

①. **"拜托你"** は「頼みますよ」という意味の慣用表現。
⑤. 「大学を卒業する」は **"（从）大学毕业"** となります。**"*毕业大学"** と言わないよう気をつけましょう。

☆ "已经""早就""刚""刚刚"を用いた表現

◎ "（S）＋已经＋動作 V ＋了"：「S はすでに V した」… [1][2][3][6]

◎ "（S）＋早就＋動作 V ＋了"：「S はとっくに V した」…… [6][7]

◎ "（S）＋刚／刚刚＋動作 V"：「S は V したばかりだ」

………………………… [3][4][5][8]

原稿的截止日期**已经**过去了，拜托你。
Yuángǎo de jiézhǐ rìqī **yǐjīng** guòqù le, bàituō nǐ.

想坐的公共汽车**已经**走了。还是走着回家吧。
Xiǎng zuò de gōnggòng qìchē **yǐjīng** zǒu le. Háishi zǒuzhe huíjiā ba.

我**刚**喝了一杯酒，就**已经**觉得要醉了。
Wǒ **gāng** hēle yì bēi jiǔ, jiù **yǐjīng** juéde yào zuìle.

他**刚**和我约定好就忘掉了。真是难以置信。
Tā **gāng** hé wǒ yuēdìnghǎo jiù wàngdiào le. Zhēn shi nányǐ zhìxìn.

我**刚刚**大学毕业，学生气还没消失。
Wǒ **gānggāng** dàxué bìyè, xuésheng qì hái méi xiāoshī.

谣言**早就**传开了，**已经**无法控制了。
Yáoyán **zǎojiù** chuánkāi le, **yǐjīng** wúfǎ kòngzhì le.

想看的电影**早就**放完了。真是遗憾！
Xiǎng kàn de diànyǐng **zǎojiù** fàngwán le. Zhēnshi yíhàn!

我**刚**洗完澡，嗓子渴得要命。
Wǒ **gāng** xǐwán zǎo, sǎngzi kěde yàomìng.

[6]. **"无法～"** は「～する術がない」という意味の慣用表現。

主語＋"偏"＋動作。
S ＋ "偏" ＋ V
「S はあくまで V する」

🎧 Audio ▶ 02

① 彼女はとても気が強くて、任に堪えがたい仕事も**あくまで**しようとします。

② 本当にお笑いだね。分からないことを**あくまで**知ったかぶりするなんて。

③ 両親が彼女に結婚を望めば望むほど、彼女はかえって**あくまで**結婚しよう**としません**。

④ 私は彼に携帯電話を買うよう勧めたのですが、彼は**あくまで**買おう**としません**。

⑤ 私は夫に酒を飲まないよう言っていますが、彼は**あくまで**聞く耳を持ち**ません**。

⑥ 私は今回のイベントに参加したいのですが、**あいにく**期末試験にぶつかってしまいました。本当に残念です！

⑦ 私もあなたを手伝いたいのですが、**あいにく**最近懐が寂しいです。

⑧ 工事はずっと順調でしたが、終わろうという時**あいにく**予想外の出来事が起こってしまいました。

補足メモ

②. **"装～"** は「～なふりをする」という意味の慣用表現。
⑥. **"赶上～"** は「～という予定とぶつかっている」という意味の慣用表現。

☆ **"偏"** を用いた表現

◎ **"（S）＋偏（偏）／偏要＋動作V"**
　　：「S はあくまで V しようとする」 ‥‥‥‥‥‥‥‥‥ ①②

◎ **"（S）＋偏偏不＋動作V"**
　　：「S はあくまで V しようとしない」 ‥‥‥‥‥‥‥ ③④⑤

◎ **"（S）＋偏偏＋動作V"**
　　：「S はあいにく V している」‥‥‥‥‥‥‥‥‥‥‥ ⑥⑦⑧

她很要强，有些难以胜任的工作也**偏要**去做。
Tā hěn yàoqiáng, yǒuxiē nányǐ shèngrèn de gōngzuò yě **piān yào** qù zuò.

真可笑！不懂的事还**偏偏**装懂。
Zhēn kěxiào! Bù dǒng de shì hái **piānpiān** zhuāng dǒng.

父母越希望她结婚，她却**偏偏不**结婚。
Fùmǔ yuè xīwàng tā jiéhūn, tā què **piānpiān bù** jiéhūn.

我劝他买手机，可他**偏偏不**买。
Wǒ quàn tā mǎi shǒujī, kě tā **piānpiān bù** mǎi.

我劝丈夫不要喝酒，但是他**偏偏不**听。
Wǒ quàn zhàngfu bú yào hē jiǔ, dànshì tā **piānpiān bù** tīng.

我很想参加这次活动，可**偏偏**赶上期末考试。真遗憾！
Wǒ hěn xiǎng cānjiā zhèicì huódòng, kě **piānpiān** gǎnshang qīmòkǎoshì.
Zhēn yíhàn!

我也想帮你，可**偏偏**最近手头有些紧张。
Wǒ yě xiǎng bāng nǐ, kě **piānpiān** zuìjìn shǒutóu yǒuxiē jǐnzhāng.

工程一直很顺利，可就在要结束时**偏偏**发生了意外。
Gōngchéng yìzhí hěn shùnlì, kě jiù zài yào jiéshù shí **piānpiān** fāshēngle
yìwài.

⑧. **"发生意外"** は「予想外のことが起こる」という意味の慣用表現。

主語 + "大概" + 動作 + (吧)。
S　　　　　　V
「S はおそらく V するだろう」

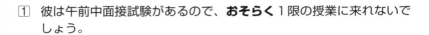

🎧 Audio ▶ 03

---

① 彼は午前中面接試験があるので、**おそらく** 1 限の授業に来れないでしょう。

---

② 空が曇ってきました。今日の夜は**おそらく**雨が降ると思います。

---

③ この教室には**おそらく** 100 人の学生がいるでしょう。

---

④ 彼は最近忘れっぽいからね。**おそらく**覚えてないかもしれないね。

---

⑤ こんな夜遅くに帰っても、**おそらく**電車はもうないだろう。

---

⑥ 彼はがさつな性格で、新しく買った携帯電話も壊す**かもしれません**。

---

⑦ 彼ら二人ともとても頑固だから、すぐに離婚する**かもしれない**ね。

---

⑧ 今月のバイト代は少ないから、買いたいテレビゲームは**おそらく**買えないだろう。

---

⑤. ⑧. **"恐怕"** は起こってほしくない事柄の前に置かれます。

☆ "大概""恐怕""也许""可能"を用いた表現

◎ "(S)＋**大概** / **恐怕**＋動作V（+**吧**）"
  :「Sはおそらく V するだろう」 …………… ①②③⑤⑧

◎ "(S)＋**也许** / **可能**＋動作V（+**吧**）"
  :「Sはおそらく V するかもしれません」……… ④⑥⑦

他上午有面试，**大概**上不了第一节课吧。
Tā shàngwǔ yǒu miànshì, **dàgài** shàngbuliǎo dì yī jié kè ba.

天阴下来了，今天晚上**大概**会下雨。
Tiān yīnxialai le, jīntiān wǎnshang **dàgài** huì xiàyǔ.

这个教室**大概**有一百个学生。
Zhèige jiàoshì **dàgài** yǒu yìbǎi ge xuésheng.

他最近有些健忘，**也许**不记得了。
Tā zuìjìn yǒuxiē jiànwàng, **yěxǔ** bú jìde le.

这么晚回去，**恐怕**没有电车了吧。
Zhème wǎn huíqù, **kǒngpà** méiyou diànchē le ba.

他性格粗鲁，新买的手机**可能**也就用坏了。
Tā xìnggé cūlǔ, xīn mǎi de shǒujī **kěnéng** yě jiù yònghuài le.

他们俩都很固执，**可能**要闹离婚吧。
Tāmen liǎ dōu hěn gùzhí, **kěnéng** yào nào líhūn ba.

这个月打工挣的钱少，想买的电子游戏机**恐怕**买不成了。　Zhèige yuè dǎgōng zhèng de qián shǎo, xiǎng mǎi de ⑤diànzǐ yóuxìjī **kǒngpà** mǎibuchéng le.

⑥. **"就"**は前の動作を受けて、その流れで次の動作に移ることを表す関連副詞。

主語 + "一定" + 動作。
S   V

「S はきっと V する」

🎧 Audio ▶ **04**

① 私は**きっと**今日の夜十時前までに宿題を終わらせます。

② 中国語の発音を上達させたいなら、**必ず**現地に留学しなければなりません。

③ 努力し続ければ**きっと**成功する。**必ず**粘り強くやりなさい。

④ 彼は誠実で、**きっと**約束を守りますよ。

⑤ 彼の様子からすると、**きっと**失敗したのだよ。

⑥ 前田さんは**きっと**試験に合格するだろう。彼は普段あんなにがんばっているのだから。

⑦ 明日**必ず**時間通りに来なければなりません。遅刻しないように。

⑧ 彼の毎日堕落した生活ときたら、**きっと**落ちこぼれちゃうよ。

補足メモ

③. **"V 下去"** は「V し続ける」という意味の慣用表現。
⑤. **"看～的样子"** は「～の様子を見たところ」という意味の慣用表現。

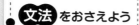
☆ "一定" "必须" "肯定" を用いた表現

◎ "S＋一定 / 必须（要）＋動作V"
：「S はきっと V なければならない / きっと V する」
························ 1 2 3 7

◎ "S＋一定 / 肯定（会）＋動作V"
：「S はきっと V するはずだ」 ···················· 3 4 5 6 8

我**必须**在今天晚上十点之前做完作业。
Wǒ **bìxū** zài jīntiān wǎnshang shídiǎn zhī qián zuòwán zuòyè.

要想提高汉语发音，**一定要**去当地留学。
Yào xiǎng tígāo Hànyǔ fāyīn, **yídìng yào** qù dāngdì liúxué.

努力下去**一定会**成功。**一定要**不屈不挠。
Nǔlìxiàqu **yídìng huì** chénggōng. **Yídìng yào** bù qū bù náo.

他很诚实，**肯定会**遵守诺言。
Tā hěn chéngshi, **kěndìng huì** zūnshǒu nuòyán.

看他的样子，**肯定**是失败了。
Kàn tā de yàngzi, **kěndìng** shì shībài le.

前田先生**一定会**考上。他平时那么努力。
Qiántián xiānsheng **yídìng huì** kǎoshàng. Tā píngshí nàme nǔlì.

明天**一定要**按时来。不要迟到。
Míngtiān **yídìng yào** ànshí lái. Bú yào chídào.

看他每天懒惰的生活，**肯定会**落后的。
Kàn tā měitiān lǎnduò de shēnghuó, **kěndìng huì** luòhòu de.

5 ▶副詞⑤ "干脆" "索性"

主語 + "干脆／索性" + 動作。
S　　　　　　　　　　　V
「S はいっそのこと V する」

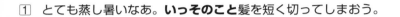

🎧 Audio ▶ 05

① とても蒸し暑いなあ。**いっそのこと**髪を短く切ってしまおう。

② 部屋がとても汚いので、**いっそのこと**古い服を捨てよう。

③ 貯金がたまったら、**思い切って**海外旅行へ行こう。

④ 彼女はそんな女の子なんでしょ。**いっそのこと**彼女と縁を切れば。

⑤ もしまだ分からなければ、**いっそのこと**直接本人に聞けば。

⑥ 今日は体の具合が悪いので、**いっそのこと**休みをとろう。

⑦ とても悲しいのでしょう。**いっそのこと**思いっきり泣きなよ。

⑧ もしそんなにためらって決めないのなら、**いっそのこと**私があなたの代わりに行ってやります。

補足メモ

⑥. **"算了～"** は「～したらすむことだ」という意味の慣用表現。
⑦. **"V 个痛快"** は「思いっきり V する」という意味の慣用表現。

46

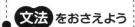

文法 をおさえよう

☆ "干脆" "索性"
「いっそのこと／思い切って」を用いた表現

◎ "干脆＋〜＋吧" ················ ①②③
◎ "干脆＋〜＋算了" ················ ⑥
◎ "干脆＋〜＋好了" ················ ⑧
◎ "索性＋〜＋吧" ················ ④⑤⑦

太闷热了，**干脆**把头发剪短吧。
Tài mēnrè le, **gāncuì** bǎ tóufa jiǎnduǎn ba.

屋里太杂乱了，**干脆**把旧衣服扔了吧。
Wūli tài záluàn le, **gāncuì** bǎ jiù yīfu rēngle ba.

攒了钱，**干脆**去国外旅行吧。
Zǎnle qián, **gāncuì** qù guówài lǚxíng ba.

她既然是个这样的女孩子，**索性**跟她绝交吧。
Tā jìrán shì ge zhèiyàng de nǚháizi, **Suǒxìng** gēn tā juéjiāo ba.

如果还不明白，**索性**直接问他本人吧。
Rúguǒ hái bù míngbai, **suǒxìng** zhíjiē wèn tā běnrén ba.

今天身体不舒服，**干脆**请假算了。
Jīntiān shēntǐ bù shūfu, **gāncuì** qǐngjià suàn le.

估计你非常悲伤，**索性**哭个痛快吧。
Gūjì nǐ fēicháng bēishāng, **suǒxìng** kū ge tòngkuai ba.

如果你这么犹豫不决的话，**干脆**我替你去做好了。
Rúguǒ nǐ zhème yóuyù bù jué de huà, **gāncuì** wǒ tì nǐ qù zuò hǎo le.

6

▶副詞⑥ "还"（1）

主語 + "还" + 動作。
S　　　　　V
「S はなおも V する」

🎧 Audio ▶ 06

① 経済はずっと不景気で、仕事が**依然として**とても見つかりにくい。

---

② 私の田舎では**依然として**多くの古い習慣が残っており、いささか昔かたぎな感じがあります。

---

③ 彼女は風邪をひいて、**さらに**徹夜したので、頭がぼうっとしています。

---

④ 野上さんは中国に一年間の留学経験、**さらに**香港に二年の滞在経験があります。

---

⑤ 張さんは１時限目を遅刻したばかりか、２時限目も**さらに**無断欠席した。

---

⑥ いい年して、**まだ**モノの分別がつかないなんて、本当に頭が痛いね。

---

⑦ 勉強して**まだ**一年も経ってないのに、高比君はもうポルトガル語をマスターしています。

---

⑧ 私は**まだ**準備できてないのです。せかさないで。

---

②. **"有些～之感"** は「ちょっと～の感がある」という意味の慣用表現。
⑥. **"真让人～"** は「本当に～だ」という意味の慣用表現。

48

☆ "还" を用いた表現

◎:「S は依然として～する」 ……………………………… ①②

◎:「S は（ある動作を行った上に）さらに～」 ………… ③④⑤

◎:「S はまだ～（なのさ）」 …………………………… ⑥⑦⑧

经济一直不景气，工作**还**很难找到。
Jīngjì yìzhí bù jǐngqì, gōngzuò **hái** hěn nán zhǎodào.

我的老家**还**保留着不少旧的习俗，有些古板之感。
Wǒ de lǎojiā **hái** bǎoliúzhe bù shǎo jiù de xísú, yǒu xiē gǔbǎn zhī gǎn.

她得了感冒，**还**开了夜车，头脑不清醒。
Tā déle gǎnmào, **hái** kāile yèchē, tóunǎo bù qīngxǐng.

野上先生到中国留过一年学，**还**在香港待过两年。
Yěshàng xiānsheng dào Zhōngguó liúguo yì nián xué, **hái** zài Xiānggǎng dāiguo liǎng nián.

小张不但第一节课迟到，第二节**还**旷课了。
Xiǎo Zhāng búdàn dì yī jié kè chídào, dì èr jié **hái** kuàng kè le.

你岁数已经不小了，**还**不知好歹，真让人头疼。
Nǐ suìshu yǐjīng bù xiǎo le, **hái** bù zhī hǎodǎi, zhēn ràng rén tóuténg.

学了**还**不到一年，高比就学会了葡萄牙语。
Xuéle **hái** bú dào yì nián, Gāobǐ jiù xuéhuìle Pútáoyáyǔ.

我**还**没准备好呢。别催我。
Wǒ **hái** méi zhǔnbèi hǎo ne. Bié cuī wǒ.

主語 + "还" + 動作。
S   V
「（〜しても）S は V する」

🎧 Audio ▶ **07**

---

① この事は、彼女のお母さん**ですら**知りませんよ。

---

② この仕事はがんばっ**ても**、**なお**完成には２か月かかりますよ。

---

③ タバコ１箱 600 円なら**まだ**許容範囲です。これ以上高いと吸えません。

---

④ 彼は好き嫌いがなく、肉**でも**魚**でも**食べることができます。

---

⑤ 私達の国では、何と言って**も**、サッカーは人気があります。

---

⑥ あの先生は甘いので、学生が不真面目**でも**単位をくれます。

---

⑦ 彼は図々しく、たとえ私がどいてと言っても、**なおも**居座り続けています。

---

⑧ たとえ皆を敵にし**ても**、**なお**私はこの自分の信念を貫きます。

---

⑦. **"脸皮厚"** は「図々しい」という意味の慣用表現。

50

☆ "还" を用いた表現

◎ "(连)+S+还+〜":「S でさえも〜する」………………… 1 6

◎ "(即使／就是)+平叙文+…,(S)+还+〜"………… 2 7 8
　　:「(…したとしても／…しても)(S は)なおも〜する」

◎ "…+还能+〜":「…なら〜できる」………………………… 3

◎ "(不管／无论)+疑問文+…,(S)+〜"
　　:「(…に関わらず)(S は)なおも〜する」………………… 4 5

这件事**连**她妈妈**还**不知道呢。

Zhèi jiàn shì **lián** tā māma **hái** bù zhīdào ne.

这一工作**即使**努力，**还**要两个月才能完成。

Zhè yī gōngzuò **jíshǐ** nǔlì, **hái**yào liǎng ge yuè cái néng wánchéng.

一盒香烟六百日元**还能**接受，再贵就抽不起了。

Yì hé xiāngyān liùbǎi rìyuán **hái néng** jiēshòu, zài guì jiù chōubuqǐ le.

他不偏食，**不管**是肉还是蔬菜都**还**能吃。

Tā bù piānshí, **bùguǎn** shì ròu háishi shūcài dōu **hái** néng chī.

在我们国家，**不管**怎么说，足球**还**很受欢迎。

Zài wǎmen guójiā, **bùguǎn** zěnme shuō, zúqiú **hái** hěn shòu huānyíng.

那位老师很宽容，学生不认真**还**给他学分。

Nèi wèi lǎoshī hěn kuānróng, xuésheng bú rènzhēn **hái** gěi tā xuéfēn.

他脸皮太厚，我叫他走开他**还**坐着不动。

Tā liǎnpí tài hòu, wǒ jiào tā zǒukāi tā **hái** zuòzhe bú dòng.

就是得罪了大家，我**还**要坚持自己的信念。

Jiùshì dézuìle dàjiā, wǒ **hái** yào jiānchí zìjǐ de xìnniàn.

---

7. **"叫"** を使った使役文は「〜させる」よりも、「〜するように言う」と訳した方がよい場面も多くあります。

8

<u>主語</u>＋"都"＋<u>動作</u>。
S   V

「S さえ V する」

🎧 Audio ▶ **08**

---

① 年末年始は、我が家は**皆**一緒に集まります。

---

② 私はとても緊張し、先生が話したことを**すべて**きれいさっぱり忘れてしまいました。

---

③ **もう**7時だ！早く起きなさい。さもないと遅刻しちゃうよ。

---

④ 彼女は**もう**50歳になろうしているが、見たところまだ若い。

---

⑤ 会議は**もう**始まっています。早くして下さい！ぐずぐずしないで。

---

⑥ 教室には一人**も**いない。どこへ行ったの。

---

⑦ 李さん**さえ**できるのだから、王さんならなおさらだ。

---

⑧ 老人で**さえ**必死に働いているのに、お前たち若いやつが何油を売っているのだ。

補足メモ

②. **"忘得一干二净"** は「きれいさっぱり忘れる」という意味の慣用表現。
④. **"看上去"** は「見たところ」という意味の慣用表現。

☆ **"都"** を用いた表現

◎ **"S＋都"**：「S はすべて～する」 …………… 1 2

◎ **"S＋都＋～＋了"**：「S はすでに／もう～した」 … 3 4 5

◎ **"(連)＋S＋ 都 ＋～"**：「S でさえも～する」 ………… 6 7 8

年末年初，我们一家人**都**聚在一起。

Niánmò niánchū, wǒmen yì jiā rén **dōu** jùzài yìqǐ.

我太紧张，把老师说的话**都**忘得一干二净。

Wǒ tài jǐnzhāng, bǎ lǎoshī shuō de huà **dōu** wàng de yì gān èr jìng.

都七点了！ 快起床。不然迟到了！

Dōu qīdiǎn **le**! Kuài qǐchuáng. Bùrán chídào le!

她**都**快五十岁**了**，看上去仍很年轻。

Tā **dōu** kuài wǔshí suì **le**, kànshangqu réng hěn niánqīng.

会议**都**开始**了**，快点儿！别拖拖拉拉的。

Huìyì **dōu** kāishǐ **le**, kuàidiǎnr!　　Bié tuōtuōlālā de.

教室里一个人**都**没有，去哪儿了呢？

Jiàoshìli yí ge rén **dōu** méiyou, qù nǎr le ne?

连小李**都**会，何况小王呢！

Lián xiǎo Lǐ **dōu** huì, hékuàng xiǎo Wáng ne!

连老人**都**拼命地干活儿，你们年轻人磨什么洋工呢？

Lián lǎorén **dōu** pīnmìng de gànhuór, nǐmen niánqīngrén mó shénme yánggōng ne?

▶副詞⑨ "倒" "却"

主語 ＋ "倒／却" ＋ 動作。
　S　　　　　　　　　　　V

「〜だが S は V する」

🎧 Audio ▶ **09**

① 私は家に食材があると思っ**たが**、冷蔵庫は空でした。

② まじめに勉強しまし**たが**、テスト結果は散々でした。本当に悔しい。

③ 私は好意で山本さんに忠告しましたが、彼女は**かえって**怒り出しました。

④ 彼女は夜、間食するのが好きです。**でも**、太っていません。

⑤ 私は禁酒禁煙を貫いているの**ですが**、健康診断の数値は思わしくありません。

⑥ 私はいつも健康に気をつけている**のに**、体をよく壊します。本当におかしい。

⑦ 毎日真面目に授業に出席している**のに**、彼の成績はずっとよくありません。

⑧ 彼女は予選で落選してしまいまし**たが**、気落ちしている様子ではありませんでした。

補足メモ

⑤. 中国語で、「禁酒禁煙」は、**"戒烟戒酒"**。

☆逆説の関連副詞 "倒" "却" を使った表現。

◎ "(虽然)+…, (但是 / 可是)+(S)+倒 / 却+〜。"

※主語を表示する場合、"倒 / 却" の位置は主語(S)の後ろ。

我以为家里有一些做菜用的材料,冰箱里**却**空空的。
Wǒ yǐwéi jiāli yǒu yì xiē zuò cài yòng de cáiliào, bīngxiāngli **què** kōngkōng de.

虽然认真学习了, 可考试结果**却**很糟糕, 真窝心。
Suīrán rènzhēn xuéxí le, kě kǎoshì jiéguǒ **què** hěn zāogāo, zhēn wōxīn.

我好心劝山本, 她**倒**生起气来了。
Wǒ hǎoxīn quàn Shānběn, tā **dào** shēngqǐ qì lái le.

她喜欢晚上吃零食, 不过, 她**倒**不胖。
Tā xǐhuan wǎnshang chī língshí, búguò, tā **dào** bú pàng.

我坚持戒烟戒酒, 可健康检查的数值**却**不理想。
Wǒ jiānchí jiè yān jiè jiǔ, kě jiànkāng jiǎnchá de shùzhí **què** bù lǐxiǎng.

我总是很注意健康,可身体**却**常常出问题。真奇怪!
Wǒ zǒngshì hěn zhùyì jiànkāng, kě shēntǐ **què** chángcháng chū wèntí. Zhēn qíguài!

每天都认真地去上课, 可他的成绩**倒**一直不好。
Měitiān dōu rènzhēnde qù shàngkè, kě tā de chéngjì **dào** yìzhí bù hǎo.

她虽然在预赛中落选了, **倒**没显出沮丧的样子。
Tā suīrán zài yùsàizhōng luòxuǎn le, **dào** méi xiǎnchū jǔsàng de yàngzi.

8. **"显出〜的样子"** は「〜な様子を示す」という意味の慣用表現。

<u>主語</u>＋"<u>毫不</u>"＋<u>動作</u>。
S　　　　　　　V
「S はちっとも / 全く V しない」

🎧 Audio ▶ 10

---

① 私はお酒を飲みすぎて、昨晩の事は**ちっとも**印象に**ありません**。

---

② 祖父は機械に対して**ちっとも**興味が**なく**、ほとんどパソコンを使いません。

---

③ お父さんは**ちっとも**家事を**しません**。全て母に押し付けています。

---

④ 彼女は公私混同がなく、**全く**事務用品を私用で使ったことが**ありません**。

---

⑤ 彼は誠実な人間で、バイトの時**全く**サボったことが**ありません**。

---

⑥ 私は一切テレビを見ません。芸能人については**全く**分かり**ません**。

---

⑦ 彼がこのようなことをするのは、**全く**不思議ではあり**ません**。

---

⑧ 彼は時事問題に**全く**興味を示し**ません**。私は彼の就職活動がどうなるのか心配です。

補足メモ

① ."**喝多酒**" は「飲みすぎる」という意味の慣用表現。
③ ."**推给～**" は「(責任を) ～に押し付ける」という意味の慣用表現。

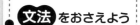

文法 をおさえよう

☆「ちっとも / 全く〜しない」という表現

◎ "S ＋毫不 / 丝毫不＋〜"
 :「S は〜ちっとも / 全くしない」 ……………… ③⑤⑥⑦⑧

◎ "S ＋毫无 / 丝毫没有＋〜"
 :「S はちっとも / 全く〜がない」 ……………… ①②④

我喝多了酒，昨晚的事情**毫无**印象。
Wǒ hēduōle jiǔ, zuówǎn de shìqing **háo wú** yìnxiàng.

祖父对机器**毫无**兴趣，几乎不用电脑。
Zǔfù duì jīqi **háo wú** xìngqù, jīhū bú yòng diànnǎo.

爸爸**丝毫不**做家务事，全都推给妈妈。
Bàba **sīháo bú** zuò jiāwùshì, quán dōu tuīgěi māma.

她公私分明，**丝毫没有**私用过办公用品。
Tā gōngsī fēnmíng, **sīháo méiyǒu** sīyòngguo bàngōng yòngpǐn.

他为人诚实，打工的时候**丝毫不**会偷懒。
Tā wéirén chéngshi, dǎgōng de shíhòu **sīháo bú** huì tōulǎn.

我从不看电视，对文艺工作者**丝毫不**知。
Wǒ cóng bú kàn diànshì, duì wényìgōngzuòzhě **sīháo bù** zhī.

他做出这样的事情**毫不**足怪。
Tā zuò chū zhèiyàng de shìqing **háo bù** zúguài.

他对时事问题**丝毫不**感兴趣。我担心他找工作将会怎么样？ Tā duì shíshì wèntí **sīháo bù** gǎn xìngqù. Wǒ dānxīn tā zhǎo gōngzuò jiāng huì zěnmeyàng?

⑥. "**从不〜**" は「これまで〜していない」という意味の慣用表現。

11

▶疑問詞 "怎么"

主語 + "怎么" + 動作。
S　　　　　V
「S はどのように / どうして V するのか」

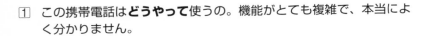

🎧 Audio ▶ 11

---

① この携帯電話は**どうやって**使うの。機能がとても複雑で、本当によく分かりません。

---

② あなた**どうやって**来たのですか。——私は歩いて来ました。

---

③ 悪いことしてないのに、**どうして**謝るというの。

---

④ そんな理屈があるものか。私が**どうして**反対しないだろうか。

---

⑤ あなたは**どうして**そんなに薄着なの。今日はずいぶん寒いよ。

---

⑥ あなたは他人に**どうして**そんなに優しいのだろう。本当に感心するよ。

---

⑦ **どうして**何も言わないの。話があるなら遠慮せずに言いなさい。

---

⑧ 今日あなたは**どうして**来たの。あなた非番じゃなかった。

---

②. ⑧. **"怎么 V 的 ?"** と **"怎么 V 了 ?"** の意味に違いに注意。

☆ "怎么"「どのように」と「どうして」の見分け方

◎ "是…的" 構文で用いられた時 ⇒「どのように」 …………⚁

◎ "怎么+助動詞" の形 ⇒「どうして」 …………………⚂⚃

◎ "怎么" に "这么" や "那么" が続く時 ⇒「どうして」……⚄⚅

◎ "怎么不 / 怎么没有" の形 ⇒「どうして」………………⚇

◎ "怎么…了" の形 ⇒「どうして」……………………………⚈

这个手机**怎么**使用？ 功能太复杂，真不好明白。

Zhèige shǒujī **zěnme** shǐyòng? Gōngnéng tài fùzá, zhēn bù hǎo míngbai.

你（**是**）**怎么**来的？——我（**是**）走着来的。

Nǐ (**shì**) **zěnme** lái de? Wǒ (**shì**) zǒuzhe lái de.

既然你没干坏事，你**怎么会**道歉呢？

Jìrán nǐ méi gàn huàishì, nǐ **zěnme huì** dàoqiàn ne?

岂有此理，我**怎么会**不反对呢？

Qǐ yǒu cǐ lǐ, wǒ **zěnme huì** bù fǎnduì ne?

你**怎么**穿得**这么**少？ 今天够冷的。

Nǐ **zěnme** chuānde **zhème** shǎo? Jīntiān gòu lěng de.

你对别人**怎么这么**温柔，真是令人佩服。

Nǐ duì biéren **zěnme zhème** wēnróu, zhēn shi lìng rén pèifu.

你**怎么不**说话？ 有话只管说出来。

Nǐ **zěnme bù** shuōhuà? Yǒu huà zhǐguǎn shuōchulai.

今天你**怎么**来**了**？ 不是该你来上班吧？

Jīntiān nǐ **zěnme** lái **le**? Bú shì gāi nǐ lái shàngbān ba?

⚂. ⚃. "**怎么会 V**" は「どうして V することがあろうか」という意味の慣用表現。

12

▶前置詞① "在"

主語 + "在〜" + 動作。
　　S　　　　　　　V

「S は〜で V する」

🎧 Audio ▶ 12

① 私は普段図書館**で**勉強しています。家**で**勉強するより集中できます。

② １０連勤でしたので、今日は家**で**しっかり休みます。

③ 私達のクラス**で**、彼は皆から注目された人物です。

④ 芸能界**で**、彼は今一世を風靡し、前途有望と言うことができます。

⑤ 田中社長のお口添え**のもと**、彼女はまた就職することができました。

⑥ 両親の気遣いと世話**のもと**、彼は健やかに成長しています。

⑦ プロ野球球団**において**、年俸の高騰は皆が関心する問題となっています。

⑧ 彼の心の中**で**、奈良は最も思い出深い場所です。

① **"要"** を使った比較文では、**"要"** を **"比"** の前に置くことがよくあります。
この場合、推測しているニュアンスが加わります。

☆ "在" を用いた表現

◎ "S ＋在＋場所 (…)＋動作V"：「Sは…で V する」………12

◎ "在＋範囲 (…), S ＋～"：「…において、Sは～」……3478

◎ "在＋条件 (…), S ＋～"：「…の下で、Sは～」……………56

我平时**在**图书馆学习，要比**在**家里学习精力更集中。
Wǒ píngshí **zài** túshūguǎn xuéxí, yào bǐ **zài** jiāli xuéxí jīnglì gèng jízhōng.

连着上了十天班，今天**在**家里好好儿休息。
Liánzhe shàngle shí tiān bān, jīntiān **zài** jiāli hǎohāor xiūxi.

在我们班上，他是大家所注目的人物。
Zài wǒmen bānshang, tā shì dàjiā suǒ zhùmù de rénwù.

在演艺界，他现在风靡一时，可以说前途无量。
Zài yǎnyì jiè, tā xiànzài fēngmǐ yìshí, kěyǐ shuō qiántú wúliàng.

在田中老板的推荐下，她又找到了工作。
Zài Tiánzhōng lǎobǎn de tuījiàn xià, tā yòu zhǎodàole gōngzuò.

在父母的关心照顾下，他健康地成长起来。
Zài fùmǔ de guānxīn zhàogù xià, tā jiànkāngde chéngzhǎngqilai.

在职业棒球团中，薪水的高涨成为大家关注的问题。
Zài zhíyè bàngqiútuánzhōng, xīnshui de gāozhǎng chéngwéi dàjiā guānzhù de wèntí.

在他心里，奈良是一个最值得怀念的地方。
Zài tā xīnli, Nàiliáng shì yí ge zuì zhídé huáiniàn de dìfāng.

---

2. **"连着 V ～天"** は「～日続けて V する」という意味の慣用表現。

主語+"从/自从/自"+～+動作。
S   V

「Sは～からVする」

🎧 Audio ▶ **13**

① あの留学生は先月ベトナム**から**やってきました。

---

② 彼は神奈川に住んでいて、彼の家**から**学校まで電車で2時間かかります。

---

③ お金が十分溜まったので、私は来月北海道**から**旅行に行きます。

---

④ 私は先ほど会社**から**帰ってきたばかりです。

---

⑤ ここは完全に迷路だね。どこ**から**出るのだろう。

---

⑥ 誰かがノックしている。ドアの隙間**から**のぞいてみよう。

---

⑦ 彼女は以前痩せていたほうですが、結婚して**から**太り出しました。

---

⑧ 見たところ、あなたはこの町を熟知しているけど、いつ**から**住んでいるの。

補足メモ

⑥. **"有人～"** は「誰かが～する」という意味の慣用表現。

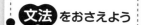

☆ "从""自" を用いた起点を表す表現
：「Sは…から V する」

◎ "S＋从＋場所 / 時間（…）＋動作V" ・・・・・・・・・・・・・・・ 1 2 3 4 5 6

◎ "S＋自从＋時間（…）＋動作V" ・・・・・・・・・・・・・・・・・・・・・・・・・・ 7

◎ "S＋自＋時間（…）（＋起）＋動作V" ・・・・・・・・・・・・・・・・・・・ 8

那个留学生上个月**从**越南来了。
Nèige liúxuéshēng shàng ge yuè **cóng** Yuènán lái le.

他在神奈川住，**从**他家到学校坐电车要两个小时。
Tā zài Shénnàichuān zhù, **cóng** tā jiā dào xuéxiào zuò diànchē yào liǎng ge xiǎoshí.

钱已攒够，我下个月将**从**北海道去旅行。
Qián yǐ zǎngòu, wǒ xià ge yuè jiāng **cóng** Běihǎidào qù lǚxíng.

我刚刚**从**公司回来。
Wǒ gānggāng **cóng** gōngsī huílái.

这里完全是个迷宫。应该**从**哪儿出去呢？
Zhèli wánquán shì ge mígōng. Yīnggāi **cóng** nǎr chūqù ne?

有人在敲门。我**从**门缝里窥视一下吧。
Yǒu rén zài qiāo mén. Wǒ **cóng** ménfèngli kuīshì yíxià ba.

她以前较瘦，可**自从**结婚后开始胖起来了。
Tā yǐqián jiào shòu, kě **zì cóng** jiéhūn hòu kāishǐ pàngqilai le.

看来，你熟悉这个城市，**自**什么时候**起**住这儿的？
Kànlái, nǐ shúxī zhèige chéngshì, **zì** shénme shíhòu **qǐ** zhù zhèr de?

14

▶前置詞③ "从"

"从～" + <u>動作</u>, +<u>主語</u>+…。
V　　　　 S
「～という点から V すると、S は…」

🎧 Audio ▶ 14

① 今日**から**新しい生活が**始まる**。元気を出そう。

② あなたはどこ**から来た**の。ここでは見かけないけど。

③ ドラえもんは引き出しの中**から出てきて**、のび太を驚かせました。

④ ハエが窓**から入ってきた**、必ずたたき殺してやる。

⑤ 彼に用ですか。彼はさっきここ**を通り過ぎた**よ。

⑥ あなたのなまり**からして**、大阪の人でしょ。

⑦ 客観的な角度**から見ると**、状況は楽観視できませんね。

⑧ 全工程の進み具合**から見ると**、来年の完成は難しいでしょうね。

①. **"打起精神来"** は「元気を出す」という意味の慣用表現。
④. **"非～不可"** は「必ず～してやる」という意味の慣用表現。

☆ "从" を用いた表現

◎ "S ＋从＋起点（…）＋動作V" ……………………… 1 2 3 4
　 : 「Sは…から V する」

◎ "S ＋从＋通過点（…）＋動作V" ……………………………… 5
　 : 「Sは…を V する」

◎ "从＋根拠（…）＋来看 V, S ＋〜" ………………………… 6 7 8
　 : 「…という点から見ると、Sは〜」

从今天**开始**过新的生活，打起精神来。
Cóng jīntiān **kāishǐ** guò xīn de shēnghuó, dǎqǐ jīngshen lái.

你**从**哪里**来**的？在这里没见过你。
Nǐ **cóng** nǎrli **lái** de?　Zài zhèli méi jiàn guo nǐ.

机器猫**从**抽屉里跳了**出来**，吓坏了大雄。
Jīqìmāo **cóng** chōutili tiàole **chūlái**, xiàhuàile Dàxióng.

苍蝇**从**窗户外飞**进来**了，非拍死它不可。
Cāngying **cóng** chuānghuwài fēi **jìnlai** le, fēi pāisǐ tā bù kě.

你找他有事吗？ 他刚才**从**这儿**路过**了。
Nǐ zhǎo tā yǒu shì ma?　Tā gāngcái **cóng** zhèr **lùguò** le.

从你的口音**来看**，你是大阪人吧？
Cóng nǐ de kǒuyīn **lái kàn**, nǐ shì Dàbǎnrén ba?

从客观的角度**来看**，情况不容乐观。
Cóng kèguān de jiǎodù **lái kàn**, qíngkuàng bùróng lèguān.

从整个工程的进展情况**来看**，明年完工不太可能吧。
Cóng zhěnggè gōngchéng de jìnzhǎn qíngkuàng **lái kàn**, míngnián wángōng bú tài kěnéng ba.

8. **"不太可能吧"** は「可能性はあまりないだろう」という意味の慣用表現。

15

▶前置詞④ "由"

主語 + "由" + 人 + 動作。
S ~ V
「S は～が V する」

🎧 Audio ▶ 15

1 この計画は私**が**責任を持っています。口を挟まないで下さい！

2 職務の分担が決まり、経理事務は私**が**担当します。

3 ゼミのクラスは 10 人のメンバー**により**構成されています。

4 風邪薬はたくさんの成分**により**構成されている。

5 この洋服はリサイクルしたペットボトルで**できて**います。

6 学級委員長はクラスの同級生**により**選出されました。

7 あのジャンボジェット機は東京**から**ロサンゼルスへ飛びます。

8 この夜行バスは新宿**から**新潟まで走ります。

1. **"请你不要～"** は「～しないで下さい」という意味の慣用表現。
2. **"由我但任"** は「私が担当します」という意味の慣用表現。

☆ "由" を用いた表現

◎ "S ＋由＋行為者 (…) ＋動作V" ·· ①②⑥
：「Sは…が／…により V する」

◎ "S ＋由＋材料・成分 (…) ＋状態 A" ································ ③④⑤
：「Sは…により／…から A している」

◎ "S ＋由＋起点 (…) ＋動作V" ·· ⑦⑧
：「Sは…から V する」

这个计划**由**我负责。请你不要插嘴！
Zhèige jìhuà **yóu** wǒ fùzé. Qǐng nǐ bú yào chāzuǐ!

职务分工决定了，会计事务**由**我但任。
Zhíwù fēngōng juédìngle, kuàijì shìwù **yóu** wǒ dānrèn.

研究班**由**十名成员构成。
Yánjiūbān **yóu** shí míng chéngyuán gòuchéng.

感冒药**由**许多成分构成。
Gǎnmàoyào **yóu** xǔduō chéngfen gòuchéng.

这件衣服**由**回收的塑料瓶做成。
Zhèi jiàn yīfu **yóu** huíshōu de sùliàopíng zuòchéng.

班长**由**全班同学选举产生。
Bānzhǎng **yóu** quánbān tóngxué xuǎnjǔ chǎnshēng.

那架喷气式飞机**由**东京飞往洛杉矶。
Nèi jià pēnqìshì fēijī **yóu** Dōngjīng fēiwǎng Luòshānjī.

这辆夜车**由**新宿开到新泻。
Zhèi liàng yèchē **yóu** Xīnsù kāidào Xīnxiè.

16

<u>主語</u>＋ "<u>对</u>" ＋<u>対象</u>＋ <u>動作</u>
　　S　　　　　　～　　　V
「S は～に対して V する」

🎧 Audio ▶ 16

① 入学して 1 カ月経つけど、新しい生活**には**まだなじみません。

② 先生は野球**に対して**とても興味があるが、私はない。

③ 彼女は何事**に対して**もとてもがんばっている。彼女を見習わなければ。

④ 先生は不真面目な学生**に対して**厳しいので、君も気をつけろ。

⑤ 彼女は仕事**に対して**妥協がない。真のキャリアウーマンだ。

⑥ 私の計画**に対して**、部長は難色を示しています。

⑦ 会社再建問題**に対して**、株主たちは皆ずっとぴりぴりしています。

⑧ 先輩は彼**に対して**は優しいが、私**に対して**は非常に厳しい。何が彼の機嫌を損なっているのだろう。

②．⑧．この場合 **"而"** は「～に対して一方で～」という対比のニュアンスを表します。

☆ "对" を用いた表現

◎ "S ＋对＋対象（…）＋状態 A" ・・・・・・・・・・・・・・・・・・ ②③④⑤⑧
　：「Sは～…に対してＡだ」

◎ "对＋［対象／テーマ］(…), S ＋～" ・・・・・・・・・・・・・・・・ ①⑥⑦
　：「…に対してSは～」

入学过了一个月，**对**新的生活我还不能适应。
Rùxué guòle yí ge yuè, **duì** xīn de shēnghuó wǒ hái bù néng shìyìng.

老师**对**棒球很感兴趣，而我没有。
Lǎoshī **duì** bàngqiú hěn gǎn xìngqù, ér wǒ méiyou.

她**对**什么事都特别努力，应该向她学习。
Tā **duì** shénme shì dōu tèbié nǔlì, yīnggāi xiàng tā xuéxí.

老师**对**不认真的学生很严厉，你也要小心点儿。
Lǎoshī **duì** bú rènzhēn de xuésheng hěn yánlì, nǐ yě yào xiǎoxīn diǎnr.

她**对**工作一丝不苟，是真正的职业女性。
Tā **duì** gōngzuò yì sī bù gǒu, shì zhēnzhèng de zhíyè nǚxìng.

对我的计划，部长显出一种为难的神色。
Duì wǒ de jìhuà, bùzhǎng xiǎnchū yì zhǒng wéinán de shénsè.

对公司的重建问题，股东们都一直有些神经过敏。
Duì gōngsī de chóngjiàn wèntí, gǔdōngmen dōu yìzhí yǒu xiē shénjīng guòmǐn.

师兄**对**他很宽容，而**对**我却非常严。我哪一点得罪他了呢？ Shīxiōng **duì** tā hěn kuānróng, ér **duì** wǒ què fēicháng yán. Wǒ nǎ yì diǎn dézuì tā le ne?

③．**"向～学习"** は、「～を手本に勉強する」という慣用表現。

17

▶前置詞⑥ "往" "向" "朝"

主語 + "往/向/朝" + 方向 + 動作
S　　　　　　　 ～　　　 V

「S は～に向かって V する」

🎧 Audio ▶ 17

① あの十字路を左に曲がれば着きますよ。

② 南に 10 分歩けば私のバイト先が見えます。

③ ずっと浮かない顔をしていても仕方がない。よい方に考えよう。

④ 彼女は私に向かって笑いながら「さようなら」と言いました。

⑤ 彼は私に向かってうつむいて詫びの言葉を述べました。

⑥ 彼は心底恨めしそうに私の方を見つめました。

⑦ ずっと前に歩いていけば、スーパーマーケットはすぐ右手にあります。

⑧ 私が彼を呼びとめると、彼は黙って私に向かってちょっとうなずきました。

補足メモ

② この場合の **"就"** は「～したら…」という意味の関連副詞。

70

☆ "往""向""朝"を用いた表現
：「Sは…に向かってVする」

◎ "S＋**往**＋方向（…）＋動作V" ……………………………… 123

◎ "S＋**向**＋方向（…）＋動作V" ……………………………… 456

◎ "S＋**朝**＋方向（…）＋動作V" ……………………………… 78

在那个十字路口**往**左拐就能到。

Zài nèige shízì lùkǒu **wǎng** zuǒ guǎi jiù néng dào.

往南走十分钟就能看到我打工的单位。

Wǎng nán zǒu shí fēnzhōng jiù néng kàndào wǒ dǎgōng de dānwèi.

一直愁眉不展也没用，**往**好处想吧。

Yìzhí chóuméi bù zhǎn yě méi yòng, **wǎng** hǎochù xiǎng ba.

她**向**我笑了笑说："再见"。

Tā **xiàng** wǒ xiàole xiào shuō:"zàijiàn".

他**向**我低头致歉。

Tā **xiàng** wǒ dī tóu zhìqiàn.

他好像从心底抱怨似的**向**我看了看。

Tā hǎoxiàng cóng xīndǐ bàoyuàn shìde **xiàng** wǒ kànlekàn.

一直**朝**前走，超市就在右手边。

Yìzhí **cháo** qián zǒu, chāoshì jiù zài yòushǒubiān.

我叫住了他，他就默默地**朝**我点了点头。

Wǒ jiàozhùle tā, tā jiù mòmòde **cháo** wǒ diǎnle diǎn tóu.

---

6. "**～似的**"は「～なようである」という慣用表現。

“不/没” + “在/跟/给”

「…で～しない / …に～しない」

🎧 Audio ▶ **18**

---

① 節約のために、私は外食**しません**。

---

② 実は私は彼**に**まだあの事を話してい**ません**。

---

③ ごめんなさい。昨日は私は忙しくて、あなた**に**電話でき**ません**でした。

---

④ 彼は友達**と**遊ば**ずに**、家でテレビゲームばかりしています。

---

⑤ 私は彼**に**嘘をついてい**ません**。しかし彼はいつも私を疑っています。

---

⑥ 私はまだ彼**に**誕生日プレゼントを買ってい**ません**。

---

⑦ 私が使う駅は渋谷**から**遠く**ありません**。

---

⑧ 私を信じて下さい。私はこの事**に関して**関わりが**ありません**。

---

① **“为了～”** は「～するために」という意味の慣用表現。

☆ "～" の部分が**動作**を表す時

◎ "S ＋不 / 没（有）＋〔前置詞フレーズ〕＋**動詞V**"

～

………… ① ② ③ ④ ⑤ ⑥

☆ "～" の部分が**状態**を表す時

◎ "S ＋〔前置詞フレーズ〕＋没（有）/ 不＋**形容詞**"…… ⑦ ⑧

～

为了节约，我**不在**外面吃饭。

Wèile jiéyuē, wǒ **bú zài** wàimian chī fàn.

其实我还**没跟**他说那件事。

Qíshí wǒ hái **méi gēn** tā shuō nèi jiàn shì.

对不起。 昨天我很忙，**没**能**给**你打电话。

Duìbuqǐ. Zuótiān wǒ hěn máng, **méi** néng **gěi** nǐ dǎ diànhuà.

他**不跟**朋友玩儿，只在家里玩儿电子游戏。

Tā **bù gēn** péngyou wánr, zhǐ zài jiāli wánr diànzǐ yóuxì.

我**没跟**他撒谎，但是他总怀疑我。

Wǒ **méi gēn** tā sāhuǎng, dànshi tā zǒng huáiyí wǒ.

我还**没给**他买生日礼物。

Wǒ hái **méi gěi** tā mǎi shēngri lǐwù.

我利用的车站**离**涩谷不远。

Wǒ lìyòng de chēzhàn **lí** Sègǔ bù yuǎn.

相信我，我**与**这件事**没有**关系。

Xiāngxìn wǒ, wǒ **yǔ** zhèi jiàn shì méiyou guānxi.

⑧. **"相信我"** は「私を信じて下さい」という慣用表現。

19

"从〜" "离〜" "从〜到…"

「〜から」「〜から…まで」

🎧 Audio ▶ **19**

---

① これは出口です。あちら**から**お入りください。

---

② 夏休みが終わり、来週**から**仕事が始まります。

---

③ 私の家は会社**から**近く、歩いて5分しかかかりません。

---

④ 急ごう、授業**まで**あと30分しかない。さもないと遅刻してしまう。

---

⑤ 高尾駅**から**新宿**まで**特急列車で約50分かかります。

---

⑥ ここ**から**食堂**まで**は近いが、先生の研究室までは近くない。

---

⑦ 学校**から**バイト先**まで**約10km あります。

---

⑧ 学生はみな大学に入って**から**スペイン語を学び始めるので、みな初心者ということになります。

②. **"从＋時間（〜）＋起"** は「〜から」という意味の慣用表現。
⑧. **"算是〜"** は「〜と見なせる／〜ということになる」という意味の慣用表現。

☆ "从" "离" を用いた表現

◎ "S＋从＋場所／時間（〜）＋動作 V" …………… 1 2 8
: 「Sは〜から V する」

◎ "S＋离＋場所／時間（〜）＋远／近／有＋…" ………… 3 4
: 「Sは〜から／まで遠い／近い…の距離・間隔だ」

◎ "从〜到〜，（S）＋远／近／要／有＋…" ……… 5 6 7
: 「〜から〜まで、（Sは）遠い／近い／V する／…の距離だ」

这是出口，请您**从**那儿进去。
Zhè shì chūkǒu, qǐng nín **cóng** nàr jìnqu.

暑假结束了，**从**下个星期起开始工作了。
Shǔjià jiéshù le, **cóng** xià ge xīngqī qǐ kāishǐ gōngzuò le.

我家**离**公司很近，走路只需五分钟。
Wǒ jiā **lí** gōngsī hěn jìn, zǒulù zhǐ xū wǔ fēnzhōng.

快点儿吧，**离**上课只有三十分钟了，不然会迟到的。
Kuài diǎnr ba, **lí** shàngkè zhǐ yǒu sānshí fēnzhōng le, bùrán huì chídào de.

从高尾站**到**新宿坐特快大概要五十分钟。
Cóng Gāowěi zhàn **dào** Xīnsù zuò tèkuài dàgài yào wǔshí fēnzhōng.

从这儿**到**食堂很近，而到老师的研究室不近。
Cóng zhèr **dào** shítáng hěn jìn, ér dào lǎoshī de yánjiūshì bú jìn.

从学校**到**打工的单位，大概有十公里。
Cóng xuéxiào **dào** dǎgōng de dānwèi, dàgài yǒu shí gōnglǐ.

学生都是**从**进入大学后开始学习西班牙语，都算是初学者。 Xuésheng dōu shì **cóng** jìnrù dàxué hòu kāishǐ xuéxí Xībānyáyǔ, dōu suàn shì chūxuézhě.

20

主語+ "给" +人+ 動作
S　　　　～　　V

「Sは～のために V する」

🎧 Audio ▶ **20**

---

① 時間がありましたら、私**に**電話を下さい。

---

② ごめんなさい、あなた**に**お手数をおかけしてしまって。

---

③ 北海道の友達が私**に**「白い恋人」のチョコレートを買ってきてくれました。

---

④ お母さんは私**に**夜食を作ってくれました。

---

⑤ 先月、お父さんは私**に** 10 万円送金してくれました。

---

⑥ 先生は私**に**一冊の中国語に関する本を貸してくれました。

---

⑦ アメリカに留学している友達が私**に**当地の特産品を送ってきてくれました。

---

⑧ 私は彼女**に**いくらかお菓子を残しておいた。気づくかな。

---

⑤. 中国の通貨は **"人民币** rénmínbì"（人民元）と言います。

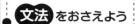

☆ "给" を用いた「S は人（〜）のために物（…）を V する」
という表現

◎ "S ＋给＋人（〜）＋動詞 V ＋物（…）" ………… ①②③④⑦

◎ "S ＋動詞 V ＋给＋人（〜）＋物（…）" ………… ⑤⑥⑧

如有时间，请给我打电话。
Rú yǒu shíjiān, qǐng **gěi** wǒ dǎ diànhuà.

对不起，给你添麻烦了。
Duìbuqǐ, **gěi** nǐ tiān máfan le.

北海道的朋友给我买来了"白色恋人"巧克力。
Běihǎidào de péngyou **gěi** wǒ mǎilaile "Báisèliànrén" qiǎokèlì.

妈妈给我做了夜宵。
Māma **gěi** wǒ zuòle yèxiāo.

上个月爸爸汇给我十万日元。
Shànggeyuè bàba huì**gěi** wǒ shíwàn rìyuán.

老师借给我一本汉语书。
Lǎoshī jiè**gěi** wǒ yì běn Hànyǔshū.

到美国留学的一个朋友给我寄来了当地特产。
Dào Měiguó liúxué de yí ge péngyou **gěi** wǒ jìlaile dāngdì tèchǎn.

我留给她一些点心，不知她会不会发现。
Wǒ liú**gěi** tā yì xiē diǎnxīn, bù zhī tā huìbuhuì fāxiàn.

---

⑥. **"汉语书"** は「中国語について書かれた本」という意味。「中国語で書かれた本」
は **"中文书** Zhōngwénshū" と言います。

Part

2

補語の慣用的な表現を
増やそう

▶慣用補語表現① "– 到"

"见到" "看到"
"找到" "想到"

🎧 Audio ▶ **21**

① 私が前回彼に**会った**時、彼はやはり相変わらずでした。

② 最近私は彼女らに**会って**いないけど、彼女たちは元気にしているのかな。

③ 新宿をぶらぶら歩いていたら、偶然学生たちに**会いました**。

④ 東京でさえなかなか芸能人を**見かけ**られません。

⑤ 彼はいい方法を**見つけ**たようです。

⑥ 私は彼が 1 限の授業に時間通り来るなんて**思いもし**なかった。

⑦ 昨日落とした財布を、私は今日やっと**探し当てた**。

⑧ 私は先生から借りた USB をなくしてしまい、まだ**見つけ**られません。

補足メモ

②. **"不知～"** は「～でしょうか」という意味の慣用表現。

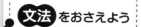

☆ "－ 到" を用いた慣用補語表現

◎ **"见到"**：「(O) に会う」 ·············· ①②③

◎ **"看到"**：「(O) を目にする / 見かける」 ·············· ④

◎ **"找到"**：「(O を) を探し当てる / 見つける」 ·········· ⑤⑦⑧

◎ **"想到"**：「(O) を思いつく」 ·············· ⑥

我上次**见到**了他，他还是老样子。
Wǒ shàngcì **jiàndào**le tā, tā háishi lǎoyàngzi.

最近我没**见到**她们，不知她们过得好不好？
Zuìjìn wǒ méi **jiàndào** tāmen, bù zhī tāmen guòde hǎo bu hǎo?

逛了逛新宿，偶尔**见到**一些学生。
Guàngleguàng Xīnsù, ǒu'ěr **jiàndào** yì xiē xuésheng.

连东京也不容易**看到**演艺界的人。
Lián Dōngjīng yě bù róngyì **kàndào** yǎnyìjiè de rén.

她好像**找到**了一个好办法。
Tā hǎoxiàng **zhǎodào**le yí ge hǎo bànfǎ.

我没**想到**他第一节课会按时来。
Wǒ méi **xiǎngdào** dì yī jié kè huì ànshí lái.

昨天丢掉的钱包，我今天才**找到**。
Zuótiān diūdiào de qiánbāo, wǒ jīntiān cái **zhǎodào**.

我丢了老师借给我的 U 盘，还没**找到**。
Wǒ diūle lǎoshī jiègěi wǒ de Upán, hái méi **zhǎodào**.

⑤．⑦．⑧．**"找到"** は直訳すると「探し当てる」という意味になります。**"到"** は動作の結果、その目的に到達することを表します。

"搬不动" "搬得动" "走不动" "跑不动" "嚼不动"

🎧 Audio ▶ 22

① あなたは力が強いから、**運べない**ことはないでしょう。

② 小学生がこんな重い荷物を**運べる**なんて信じられない。

③ 男でさえ**運べない**のに、女一人のあなたがどうして**運べる**の。

④ 彼は左足を骨折しているので、あまり**歩けません**。

⑤ 彼は足をひねってしまい、**走れません**。

⑥ 私は高尾山の頂上まで登ったが、疲れてもう**歩けなくなった**。

⑦ 私は力がなくなり、**走れません**。ちょっと休ませて下さい。

⑧ この豚のホルモン、柔らかくてどうしても**かみ切れない**。

①.②.③. **"会"** が補語を使った表現と一緒に使われる時「〜だろう」という意味になります。

☆ "－不动""－得动" を用いた慣用補語表現
：「パワー不足でVできない」「パワーがありVできる」

◎ "**搬不动**"：「(Oを)運べない」 ……………………… ①③
◎ "**搬得动**"：「(Oを)運べる」 …………………………… ②③
◎ "**走不动**"：「歩けない」 …………………………………… ④⑥
◎ "**跑不动**"：「走れない」 …………………………………… ⑤⑦
◎ "**嚼不动**"：「(Oを)かみ切れない」………………………… ⑧

你力气很大，不会**搬不动**吧？
Nǐ lìqi hěn dà, bú huì **bānbudòng** ba?

我不敢相信小学生会**搬得动**这么重的行李。
Wǒ bù gǎn xiāngxìn xiǎoxuéshēng huì **bāndedòng** zhème zhòng de xíngli.

连男人也**搬不动**，你一个女子怎么会**搬得动**？
Lián nánrén yě **bānbudòng**, nǐ yí ge nǚzǐ zěnme huì **bāndedòng**?

他左脚骨折，有点儿**走不动**。
Tā zuǒjiǎo gǔzhé, yǒudiǎnr **zǒubudòng**.

他扭了脚，**跑不动**。
Tā niǔle jiǎo, **pǎobudòng**.

我爬到了高尾山山顶，累得再也**走不动**了。
Wǒ pádàole Gāowěishān shāndǐng, lèide zài yě **zǒubudòng** le.

我没有力气了，**跑不动**了。让我休息休息。
Wǒ méiyou lìqi le, **pǎobudòng**le.　　　Ràng wǒ xiūxixiūxi.

这块烤猪内脏软得怎么也**嚼不动**。
Zhèi kuài kǎozhū nèizàng ruǎnde zěnme yě **jiáobudòng**.

⑧. "～**得**…" は「～なので…／…なくらい～」という意味の慣用表現。

23

▶慣用補語表現③ "- 不了"

"吃不了" "来不了" "受不了"
"大不了" "忘不了"

🎧 Audio ▶ 23

① こんなに多くのご飯一人で**食べられないでしょう**。誰がこんなに食べるというの。

② 彼は今日用事があるので**来られなく**なった。

③ 彼は**来られない**ので、私が彼の代わりにやってきました。

④ 冷房をつけないと、こんな暑い日は本当に**耐えられない**。

⑤ 彼はどうしていつもこんなに約束を破るの。私はもう**耐えられない**。

⑥ このようなこと**大したことない**です。どうぞ心配しないで下さい。

⑦ あんな大惨事、絶対に**忘れられません**。

⑧ 私は自分の四年間の大学生活を**忘れられません**。

補足メモ

③. **"替＋人 (〜)+Ｖ"** は「〜の代わりに Ｖ する」という意味の慣用表現。
④. **"开冷气"** は「冷房をつける」という意味の慣用表現。

☆ "－不了" を用いた慣用補語表現

◎ "吃不了"：「(Oを)食べられない」 ………………………… ①

◎ "来不了"：「来られない」 ………………………………… ②③

◎ "受不了"：「耐えられない」 …………………………………… ④⑤

◎ "大不了"：「大したことない」 …………………………………… ⑥

◎ "忘不了"：「(Oを)忘れられない」 ………………………… ⑦⑧

这么多米饭一个人**吃不了**吧。谁能吃这么多？
Zhème duō mǐfàn yí ge rén **chībuliǎo** ba. Shéi néng chī zhème duō?

他今天有事儿，**来不了**了。
Tā jīntiān yǒu shìr, **láibuliǎo** le.

他**来不了**，我替他来了。
Tā **láibuliǎo**, wǒ tì tā lái le.

不开冷气，这么热的天真**受不了**。
Bù kāi lěngqì, zhème rè de tiān zhēn **shòubuliǎo**.

他怎么总是这么失约呢？ 我再也**受不了**了。
Tā zěnme zǒngshì zhème shīyuē ne? Wǒ zài yě **shòubuliǎo** le.

这样的事儿没什么**大不了**的。请不要担心。
Zhèiyàng de shìr méi shénme **dàbuliǎo** de. Qǐng bú yào dānxīn.

那么个大惨案，绝对**忘不了**。
Nàme ge dà cǎn'àn, juéduì **wàngbuliǎo**.

我**忘不了**自己的四年大学生活。
Wǒ **wàngbuliǎo** zìjǐ de sì nián dàxué shēnghuó.

⑦. **"这么 / 那么"** を使って名詞を修飾する時は、後ろには **"那么个"** のように
量詞が必要。

24

▶慣用補語表現④ "-（不）住"

"挡(不)住" "记(不)住" "抓(不)住"
"靠不住" "禁不住"

🎧 Audio ▶ **24**

① 雨が私たちの視界を**遮っており**、ワイパーも役に立ちません。

② 彼がやろうとしていること、あなたには**邪魔はできないよ**。

③ **覚えておいて**、次にまた授業を無断欠席したら単位あげないよ。

④ 普通の人は広辞苑の単語すべてを**覚える**なんてありえない。

⑤ 手がつるつるしていて、蓋をしっかり**つかめません**。

⑥ 口先だけの人なんて**頼りにならない**。必ず有言実行すべし！

⑦ 彼女のハプニングがおかしく、私は**思わず**笑い出してしまいました。

⑧ 彼は感動的な映画を見て、**思わず**泣いてしまった。

①. この場合の **"也"** は「～でさえも」という意味を表します。
⑤. **"滑溜溜的"** は「つるつるしている」という意味の慣用表現。

☆ "－（不）住" を用いた慣用補語表現

◎ "挡（不）住"：「しっかりブロックする／できない」……[1][2]

◎ "记（不）住"：「しっかり記憶する／できない」…………[3][4]

◎ "抓（不）住"：「しっかりつかむ／つかめない」……………[5]

◎ "靠不住"：「頼りにならない／あてにならない」…………[6]

◎ "禁不住"：「思わず～する」……………………………………[7][8]

雨水**挡住**了我的视线，雨刷也没用。

Yǔshuǐ **dǎngzhù**le wǒ de shìxiàn, yǔshuā yě méi yòng.

他要做的事，你挡也**挡不住**。

Tā yào zuò de shì, nǐ dǎng yě **dǎngbuzhù**.

要**记住**，你下次再旷课，就不给你学分。

Yào **jìzhù**, nǐ xiàcì zài kuàngkè, jiù bù gěi nǐ xuéfēn.

一般人不可能把《广辞苑》上的词汇都**记住**。

Yìbānrén bù kěnéng bǎ "Guǎngcíyuàn"shang de cíhuì dōu **jìzhù**.

我手滑溜溜的，**抓不住**盖儿。

Wǒ shǒu huáliūliū de, **zhuābuzhù** gàir.

只说不做的人**靠不住**。一定要有言必行！

Zhǐ shuō bú zuò de rén **kàobuzhù**. Yídìng yào yǒu yán bì xíng!

她闹出的笑话很有意思，我**禁不住**笑起来了。

Tā nàochū de xiàohuà hěn yǒuyìsi, wǒ **jìnbuzhù** xiàoqilai le.

他看了场动人的电影**禁不住**哭起来了。

Tā kànle chǎng dòngrén de diànyǐng **jìnbuzhù** kūqilai le.

25

▶慣用補語表現⑤ "-(不)上"

"比不上" "吃(不)上" "考(不)上" "算(不)上"

🎧 Audio ▶ **25**

① あなたは毎日こんなに頑張っているのだから、私はどうしたってあなたに**及ばない**よ。

② 昼休みがもう終わっちゃう。今日も昼食に**ありつけない**な。

③ あなたの成績では、絶対に北京大学には**合格できません**。

④ 北京では、冬、気温が 10 度なんて、寒いとは**見なしません**よ。

⑤ 今日を**入れて**、全国スポーツ大会まであと 1 カ月です。

⑥ 先ほどの回を**入れて**、今日彼は 5 回も失敗しました。もう二度と失敗できません。

⑦ うぬぼれるな。あなたごときのレベルでは、まだ一流とは**言えない**よ。

⑧ こんな初歩的な事しかできないのでは、どうして専門家と**言える**だろうか。

④. **"～的话"** は「～ならば」という意味の慣用表現。
⑤. **"离～＋还有**＋期間 […]"** は「～まで、あとどれ位の期間だ」という意味の慣用表現。

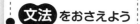

☆ "一（不）上" を用いた慣用補語表現

◎ "比不上"：「(O に) 及ばない / と比べ物にならない」……①

◎ "吃（不）上"：「(食べ物に) ありつく / ありつけない」……②

◎ "考（不）上"：「試験に合格する / できない」……③

◎ "算（不）上"：「(O に) と見なせる / せない」… ④⑤⑥⑦⑧

你每天都这么努力，我怎么也**比不上**你。

Nǐ měitiān dōu zhème nǔlì, wǒ zěnme yě **bǐbushàng** nǐ.

中午休息要结束了。看来今天也**吃不上**午饭了。

Zhōngwǔ xiūxi yào jiéshù le. Kànlái jīntiān yě **chībushàng** wǔfàn le.

看你的成绩，绝对**考不上**北京大学。

Kàn nǐ de chéngjì, juéduì **kǎobushàng** Běijīng dàxué.

在北京，冬天气温十度的话**算不上**冷。

Zài Běijīng, dōngtiān qìwēn shí dù de huà **suànbushàng** lěng.

算上今天，离全国运动会还有一个月。

Suànshang jīntiān, lí quánguó yùndònghuì hái yǒu yí ge yuè.

算上刚才那次，今天他有五次过失，不能再失败了。

Suànshang gāngcái nèicì, jīntiān tā yǒu wǔ cì guòshī, bù néng zài shībài le.

别得意了，像你这样的水平还**算不上**是一流的。

Bié déyì le, xiàng nǐ zhèyàng de shuǐpíng hái **suànbushàng** shì yīliú de.

看你只能做这么初级的玩意儿，哪能**算上**专家呢？

Kàn nǐ zhǐ néng zuò zhème chūjí de wányìr, nǎ néng **suànshang** zhuānjiā ne?

⑧. **"哪能～"** は「どうして～できようか」という慣用表現。

"吃(不)下" "坐(不)下"
"放(不)下" "装(不)下"

🎧 Audio ▶ **26**

① 今日は私は食欲がありますので、もう少し**食べられます**。

② たくさん食べて、もう**食べられません**。

③ まずは**座って**ください。それからまたお話しましょう。

④ この車はとても小さいので、6人も**座れない**よ。せいぜい4人しか座れない。

⑤ あなたの荷物はとても重そうだから、まず**置いて**。

⑥ 先生の事務所は机が小さいので、ろくに物が**置けません**。

⑦ おばさんの袋にはたくさんの野菜が**入ります**。

⑧ 私のスーツケースは小型なので、こんなたくさんの化粧品は**詰め込めません**。

②. **"吃多了"** は「食べ過ぎた」という意味の慣用表現。
④. **"最多只能～"** は「せいぜい～しかできない」という意味の慣用表現。

☆ "一（不）下" を用いた慣用補語表現

◎ **"吃（不）下"**：「（食べ物が）胃に入る／入らない」 … 1️⃣2️⃣

◎ **"坐（不）下"**：「座る／座れない」 ………………………… 3️⃣4️⃣

◎ **"放（不）下"**：「（Oを）置く／置けない」 ……………… 5️⃣6️⃣

◎ **"装（不）下"**：「（Oを）収納する／収納できない」 …… 7️⃣8️⃣

今天我很有胃口，还能**吃下**一点儿。
Jīntiān wǒ hěn yǒu wèikǒu, hái néng **chīxia** yìdiǎnr.

我吃多了，再也**吃不下**了。
Wǒ chīduō le, zài yě **chībuxià** le.

先**坐下**吧，然后再谈一谈。
Xiān **zuòxia** ba, ránhòu zài tán yi tán.

这辆车太小，**坐不下**六个人，最多只能坐四个人。
Zhèi liàng chē tài xiǎo, **zuòbuxià** liù ge rén, zuìduō zhǐ néng zuò sì ge rén.

看起来你的行李太重，先**放下**吧。
Kànqilai nǐ de xínglǐ tài zhòng, xiān **fàngxia** ba.

老师的办公室桌子很小，**放不下**什么东西。
Lǎoshī de bàngōngshì zhuōzi hěn xiǎo, **fàngbuxià** shénme dōngxi.

阿姨的袋子能**装下**很多蔬菜。
Āyí de dàizi néng **zhuāngxia** hěn duō shūcài.

我的行李箱是小号的，**装不下**这么多的化妆品。
Wǒ de xínglixiāng shì xiǎohào de, **zhuāngbuxia** zhème duō de huàzhuāngpǐn.

5️⃣. **"看起来～"** は「見たところ～のようだ」という意味の慣用表現。

"拿(不)出" "抽(不)出"
"看 / 听 / 提 / 想～"

🎧 Audio ▶ **27**

---

① 彼は本棚から辞書を**取り出して**、調べ始めました。

---

② 下半期に入ってからずっと忙しくて、どうしても時間が**取れません**。

---

③ これが二十歳の顔かい。ぜんぜんそうは**見えない**よ。

---

④ 彼女は中国人ではなくて、日本人でしょ。見れば**わかる**よ。

---

⑤ このラジオを聴けば、誰でもこれが先生の声だって**わかる**よ。

---

⑥ 彼は本当に中国人なの。彼の話す日本語を聞いても、ぜんぜん**わからない**よ。

---

⑦ いいアイディアを思いついた。次の会議で**提案してみよう**。

---

⑧ ごめんなさい、私は口が上手くないので、とっさに気の利いた言葉が**浮かびません**。

補足メモ

①. **"V 起来"** は「V し始める」という意味の慣用表現。
④. **"不是～，而是…"** は「～ではなく、…」という意味の慣用表現。

◎ "拿（不）出"：「取り出す／取り出せない」 ………… 1
◎ "抽（不）出"：「（時間を）割く／割けない」 ………… 2
◎ "看不出来"：「見分られない」 ………………… 3
◎ "看得出来"：「見分られる」 ………………… 4
◎ "听得出来"：「聞き分けられる」 ………………… 5
◎ "听不出来"：「聞き分けられない」 ………………… 6
◎ "提（不）出来"：「提案する／できない」 ………… 7
◎ "想（不）出来"：「思いつく／つかない」 ………… 8

他从书架上**拿出**辞典，开始查起来。
Tā cóng shūjiàshang **náchū** cídiǎn, kāishǐ cháqilai.

自从下半年以来一直都忙，怎么也**抽不出**时间来。
Zìcóng xiàbànnián yǐlái yìzhí dōu máng, zěnme yě **chōubuchū** shíjiān lái.

你这张脸会是二十岁吗？根本**看不出来**。
Nǐ zhèi zhāng liǎn huì shì èrshí suì ma? Gēnběn **kànbuchūlái**.

她不是中国人，而是日本人吧？一看就**看得出来**。
Tā bú shì Zhōngguórén, érshì Rìběnrén ba?　Yí kàn jiù **kàndechūlái**.

一听这个无线电广播，谁都**听得出来**这是老师的声
音。 Yì tīng zhèige wúxiàndiàn guǎngbō, shéi dōu **tīngdechūlái** zhè shì lǎoshī de shēnyīn.

他真的是中国人吗？听他说日语，完全**听不出来**。
Tā zhēn de shì Zhōngguórén ma? Tīng tā shuō Rìyǔ, wánquán **tīngbuchūlái**.

我想出个好主意，下次开会就**提出来**。
Wǒ xiǎngchū ge hǎo zhúyi, xiàcì kāihuì jiù **tíchulai**.

对不起，我不会说话，一时**想不出**好词儿**来**。
Duìbuqǐ, wǒ bú huì shuōhuà, yìshí **xiǎngbuchū** hǎocír **lái**.

▶慣用補語表現⑧ "−(不)过来" "−(不)过去"

"改(不)过来" "醒 / 清醒过来"
"昏过去" "死过去" "活过来"

🎧 Audio ▶ 28

① もっと気楽に行こう。あなたのその考え込む癖、**直し**た方がいいよ。

② 彼のあのへそ曲がりな性格は、死んでもきっと**治らない**だろうな。

③ あなたのその方言素敵だよ。**直す**ことなんかないじゃないか。

④ 彼はもう 20 歳なのに、爪を噛む癖はまだ**直って**いない。

⑤ 昨日からずっと二日酔いが覚めなかったが、ようやく酔いが**覚めま**した。

⑥ 彼女はしばらく昏睡状態でしたが、先ほど**目が覚めました**。

⑦ 炎天下の太陽の中、彼女は突然**意識を失ってしまいました**。

⑧ 彼女は一時**息が止まって**いたようだが、その後応急手当で**息を吹き返しました**。

補足メモ

1. 2. 3. 4. 5. 6. 8. ここの **"过来"** は、動詞の後ろにつけて「正常な状態に戻る」ことを意味します。

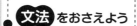

◎ "改（不）过来"：「直る・治る／直らない・治らない」
.... ①②③④

◎ "醒／清醒过来"：「意識をとり戻す」 .... ⑤⑥

◎ "昏过去"：「意識を失う」................................... ⑦

◎ "死过去"：「死ぬ、息が止まる」................................ ⑧

◎ "活过来"：「息を吹き返す」................................... ⑧

放松点儿吧。你这个好沉思的老毛病应该**改过来**。
Fàngsōng diǎnr ba. Nǐ zhèige hào chénsī de lǎo máobìng yīnggāi **gǎiguolai**.

他那种乖僻的性格，死了肯定也**改不过来**。
Tā nèi zhǒng guāipì de xìnggé, sǐle kěndìng yě **gǎibuguolai**.

你这个方言说得很好听，何必**改过来**呢？
Nǐ zhèige fāngyán shuōde hěn hǎotīng, hébì **gǎiguolai** ne?

他都二十岁了，嚼指甲的怪癖还没**改过来**。
Tā dōu èrshí suì le, jiáo zhǐjia de guàipǐ hái méi **gǎiguolai**.

从昨天起一直宿醉未醒，现在才**清醒过来**。
Cóng zuótiān qǐ yìzhí sùzuì wèi xǐng, xiànzài cái **qīngxǐngguolai**.

她昏过去了好久，刚刚**醒过来**。
Tā hūnguoqule hǎojiǔ, gānggāng **xǐngguolai**.

在炎热的太阳下，她忽然**昏过去**了。
Zài yánrè de tàiyángxia, tā hūrán **hūnguoqu** le.

她好像一时**死过去**了，经抢救后又**活了过来**。
Tā hǎoxiàng yìshí **sǐguoqu** le, jīng qiǎngjiù hòu yòu **huóle guolai**.

⑦. ⑧. ここの **"过去"** は、動詞の後ろにつけて「正常な状態を失う」ことを意味します。

"担当不起" "対不起" "看不起"
"买不起" "住不起" "想不起来"

🎧 Audio ▶ 29

---

1 こんな重要な仕事、私は**担当できません**。

---

2 **すみません**、私はうっかりまたぼんやりしていました。

---

3 バイト先の上司はいつも私を**ばかにする**。本当に憎らしい。

---

4 このような仕事を**侮って**はいけない。簡単に見えるけど、実際は決してやさしくないです。

---

5 こんな高性能のパソコン、私は高くて**買えません**。

---

6 新宿は地価がとても高く**住めません**。

---

7 十年前、私は彼と一回会っただけだが、見てすぐに**思い出し**た。

---

8 私は確かに留学に行ったが、その時の同級生の名前がどうしても**思い出せない**。

補足メモ

4. **"V 起来＋形容詞（…）"** は「V してみると…」という意味。

◎ **"担当不起"**:「(荷が重くて)担当できない」 1

◎ **"对不起"**:「(に)申し訳ない」 2

◎ **"看不起" "瞧不起"**:「(を)ばかにする」 3 4

◎ **"买不起"**:「(値段が高くて)買えない」 5

◎ **"住不起"**:「(値段が高くて)住めない・泊まれない」 6

◎ **"想(不)起(来)"**:「思い出す / 思い出せない」 7 8

这么重要的工作，我可**担当不起**。
Zhème zhòngyào de gōngzuò, wǒ kě **dāndāngbuqǐ**.

对不起，我不小心又走神了。
Duìbuqǐ, wǒ bù xiǎoxīn yòu zǒushén le.

打工的地方的上司总**看不起**我，真可恶！
Dǎgōng de dìfang de shàngsi zǒng **kànbuqǐ** wǒ, zhēn kěwù!

不要**瞧不起**这样的工作。看起来简单，实际上并不容易。
Búyào **qiáobuqǐ** zhèiyàng de gōngzuò. Kànqilai jiǎndān, shíjìshang bìng bù róngyì.

这种高端电脑，我**买不起**。
Zhèi zhǒng gāoduān diànnǎo, wǒ **mǎibuqǐ**.

新宿地价太贵，**住不起**。
Xīnsù dìjià tài guì, **zhùbuqǐ**.

十年前我和他只见过一次面，可一看就**想起来**了。
Shí nián qián wǒ hé tā zhǐ jiànguo yí cì miàn, kě yí kàn jiù **xiǎngqilai** le.

我的确去留过学，不过怎么也**想不起**当时同学的名字。
Wǒ díquè qù liúguo xué, búguò zěnme yě **xiǎngbuqǐ** dāngshí tóngxué de míngzi.

8. **"留学"** は「動詞 **"留"** ＋目的語 **"学"**」の離合詞。「留学をしたことがある」という場合、経験を表す **"过"** は動詞 **"留"** のすぐ後につきます。

"分(不)开" "离(不)开"
"想不开" "找不开" "破开"

🎧 Audio ▶ **30**

1　心理状態と体の健康は**切り離すことができません**。自分の健康には気をつけないといけません。

2　この二つの件は**分けて**考えよう。じゃないと、収拾がつかなくなっちゃうよ。

3　私は現在取り込み中なので、自分の持ち場を**離れることができません**。

4　彼女は李さんのことを大変慕っており、**離れ**がたそうにしています。

5　私は本当に**踏ん切りがつかなくて**ね。どうしてももう一度挑戦しなければ。

6　まだ**踏ん切りがつかない**のか。早くあきらめて降参しなよ！

7　すみません。小銭が不足しており、**お釣りが出せません**。

8　私は 1000 円札がないのだけど、**くずせ**ますか。

補足メモ

2．"〜吧。**不然…**"は、「〜しなさい。さもないと…」という意味の慣用表現。

98

文法 をおさえよう

◎ "分（不）开"：「分ける / られない」 …………………… ①②

◎ "离（不）开"：「離れる / られない」 …………………… ③④

◎ "想不开"：「踏ん切りがつかない」 …………………………… ⑤⑥

◎ "找不开"：「つり銭が出せない」 ……………………………… ⑦

◎ "破开"：「（札を）くずす」 ……………………………………… ⑧

心理状态和身体健康是**分不开**的。要当心自己的健康。
Xīnlǐ zhuàngtài hé shēntǐ jiànkāng shì **fēnbukāi** de. Yào dāngxīn zìjǐ de jiànkāng.

这两件事儿**分开**考虑吧。 不然会无法收拾的。
Zhèi liǎng jiàn shìr **fēnkāi** kǎolǜ ba. Bùrán huì wúfǎ shōushi de.

我现在正忙，**离不开**自己的工作岗位。
Wǒ xiànzài zhèng máng, **líbukāi** zìjǐ de gōngzuò gǎngwèi.

她很爱慕李先生，仿佛舍不得**离开**他。
Tā hěn àimù Lǐ xiānsheng, fǎngfú shěbude **líkāi** tā.

我真是**想不开**，非得再挑战一次。
Wǒ zhēnshi **xiǎngbukāi**, fēiděi zài tiǎozhàn yí cì.

还**想不开**吗？ 快死心认输吧！
Hái **xiǎngbukāi** ma? Kuài sǐxīn rènshū ba!

不好意思，零钱不足，**找不开**。
Bùhǎoyìsi, língqián bùzú, **zhǎobukāi**.

我没有一千日元纸币，能**破开**吗？
Wǒ méiyou yìqiān rìyuán zhǐbì, néng **pòkāi** ma?

④. **"仿佛～"** は、「～のようである」という意味の慣用表現。

"舍不得" "恨不得"
"顾不得" "哭笑不得"

🎧 Audio ▶ **31**

---

① この宿舎に対して愛着があるので、離れるのが**惜しい気持ち**です。

---

② これらのお金は命がけで努力して貯めたもので、使うのが**惜しまれます**。

---

③ 友達がピンチに出くわすと、彼は何とかして助けて**あげたい気持ちになります**。

---

④ 本当にもどかしい。私が彼に代わって**あげたい**くらいです。

---

⑤ バレーを勉強するため、彼女はお金を借りてフランス留学に行きたくて**しかたがない**。

---

⑥ 今となっては私は自分のことでいっぱいで、あなたのこと**面倒見きれない**よ。

---

⑦ 彼のジョークは度を越してるね。本当に**笑っていいのやら泣いていいのやら**。

---

⑧ 彼の自虐的なギャグを聞いて、みんな**笑うに笑えず、泣くに泣けませんでした**。

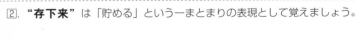

②. **"存下来"** は「貯める」という一まとまりの表現として覚えましょう。

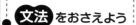

☆ "－不得" を用いた慣用補語表現

◎ "舍不得"：「(するのが) 惜しまれる」 ………………… [1][2]

◎ "恨不得"：「(したくて) たまらない」 ………………… [3][4][5]

◎ "顾不得"：「(に対して) かまってられない」 …………… [6]

◎ "哭笑不得"：「笑うに笑えず、泣くに泣けない」 …… [7][8]

我对这个宿舍很有感情，**舍不得**离开。
Wǒ duì zhèige sùshè hěn yǒu gǎnqíng, **shěbude** líkāi.

这些钱是拼命争取存下来的，**舍不得**花。
Zhèi xiē qián shì pīnmìng zhēngqǔ cúnxialai de, **shěbude** huā.

一见到朋友濒于危机，他**恨不得**想方设法去帮助他。
Yí jiàndào péngyou bīnyú wēijī, tā **hènbude** xiǎng fāng shè fǎ qù bāngzhù tā.

真令人焦急，我**恨不得**替他办。
Zhēn lìng rén jiāojí, wǒ **hènbude** tì tā bàn.

为了学习芭蕾舞，她**恨不得**借钱去法国留学。
Wèile xuéxí bālěiwǔ, tā **hènbude** jiè qián qù Fǎguó liúxué.

如今我自身难保，也**顾不得**你了。
Rújīn wǒ zìshēn nánbǎo, yě **gùbude** nǐ le.

他玩笑开得过头了。真让人**哭笑不得**。
Tā wánxiào kāideguòtóu le. Zhēn ràng rén **kūxiàobude**.

听了他的自虐噱头，大家都**哭笑不得**。
Tīngle tā de zìnüè xuétóu, dàjiā dōu **kūxiàobude**.

---

[4]. [7]. "**真令人～**" "**真让人～**" は「本当に～させてくれる」という意味の慣用表現。

"来不及" "说不通"
"合不来" "说不来"

🎧 Audio ▶32

1. 早くしなさい！ でないと**間に合わない**よ。

---

2. 自動車はオーバーヒートしました。約束の時間におそらく**間に合わないかもしれません。**

---

3. 彼はなぜそんなことを言うのだろうか。完全に**筋が通らない**。

---

4. もう言わないで。あなたそんな**理屈**は全く**通じない**よ。

---

5. 私はいつも感じるのですが、あの先生と**気が合いません**。

---

6. 美奈は自分と彼は**気が合わない**と感じ、彼と別れることにしました。

---

7. 彼女たちは一緒にいて全く**気が合わない**ようだ。仕事がうまくいくのかな。

---

8. スタッフ同士で**気が合わない**ので、雰囲気がちょっとぎくしゃくしています。

補足メモ

2. **"恐怕"** は起こってほしくない事柄と一緒に用いられます。

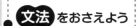

文法 をおさえよう

☆ "動詞V＋不～" を用いた慣用補語表現

◎ **"来不及"**:「間に合わない」 ………………………… ①②

◎ **"说不通"**:「理屈に合わない」 ………………………… ③④

◎ **"合不来"**:「気が合わない、そりが合わない」 ……… ⑤⑥

◎ **"说不来"**:「気が合わない、そりが合わない」 ……… ⑦⑧

快点儿！ 不然会**来不及**的。
Kuài diǎnr! Bùrán huì **láibují** de.

汽车过热了，约定的时间恐怕**来不及**。
Qìchē guòrè le, yuēdìng de shíjiān kǒngpà **láibují**.

他为什么会说出这样的话，我完全**说不通**。
Tā wèishénme huì shuōchū zhèiyàng de huà, wǒ wánquán **shuōbutōng**.

别说了。你这么个道理完全是**说不通**的。
Bié shuō le. Nǐ zhème ge dàoli wánquán shì **shuōbutōng** de.

我老是觉得跟那位老师**合不来**。
Wǒ lǎoshì juéde gēn nèi wèi lǎoshī **hébulái**.

美奈觉得自己和他**合不来**，决定跟他分手了。
Měinài juéde zìjǐ hé tā **hébulái**, juédìng gēn tā fēnshǒu le.

看上去她们在一块儿根本**说不来**，工作能顺利吗？
Kànshangqu tāmen zài yíkuàir gēnběn **shuōbulái**, gōngzuò néng shùnlì ma?

工作人员互相**说不来**，气氛有点儿不对劲儿。
Gōngzuò rényuán hùxiāng **shuōbulái**, qìfēn yǒudiǎnr bú duìjìnr.

④. **"这么／那么"** を使って名詞を修飾する時は、後ろには **"这么个"** のように量詞が必要です。

Part

3

動詞＋目的語の
バリエーションを
増やそう

33

▶兼語文を作る動詞

"帮" "要求" "带" "建议" "强迫" "嘱咐" "要"

🎧 Audio ▶ 33

1　この子はよく私の家事を**手伝います**。

2　労働者側は会社にベースアップを**要求しました**。

3　母は朝早くから子供を幼稚園に**連れて**行きます。

4　私は先生に授業のレベルを上げるよう**提言しました**。

5　コンビニで強盗事件が発生し、強盗は店員に金を持ってこいと**脅迫しました**。

6　監督は私に、シャワーを浴びた後彼を訪ねるように**言いつけました**。

7　私はお母さんに、スーパーにチョコレートを買いに行ってと**頼みました**。

8　お母さんは私にくれぐれも約束を破らないよう**言いつけました**。

補足メモ

3. "時間＋**就**〜"は「ある時間にはもう〜する」という意味の慣用表現。
8. 「O に〜しないよう V する」という兼語文は"V ＋ O ＋**不要**〜"の形をとります。

☆兼語文（目的語 O が～の動作者を兼ねる文）になる動詞

◎ **"帮"**：「助ける」……… ① ◎ **"强迫"**：「脅迫する」…… ⑤

◎ **"要求"**：「要求する」… ② ◎ **"嘱咐"**：「言いつける」 ⑥⑧

◎ **"带"**：「引き連れる」… ③ ◎ **"要"**：「頼む」…………… ⑦

◎ **"建议"**：「提言する」… ④

这个孩子常常**帮**我做家务。
Zhège háizi chángcháng **bāng** wǒ zuò jiāwù.

工人**要求**公司提高基本工资。
Gōngrén **yāoqiú** gōngsī tígāo jīběn gōngzī.

妈妈一早就**带**孩子去幼儿园。
Māma yì zǎo jiù **dài** háizi qù yòu'éryuán.

我**建议**老师提高教学水平。
Wǒ **jiànyì** lǎoshī tígāo jiàoxué shuǐpíng.

便利店里发生了抢劫案，强盗**强迫**服务员把钱拿出来。
Biànlìdiànli fāshēngle qiǎngjié'àn, qiángdào **qiǎngpò** fúwùyuán bǎ qián náchulai.

教练**嘱咐**我洗完淋浴去找他。
Jiàoliàn **zhǔfù** wǒ xǐwán línyù qù zhǎo tā.

我**要**妈妈到超市去给我买巧克力。
Wǒ **yào** māma dào chāoshì qù gěi wǒ mǎi qiǎokèlì.

妈妈**嘱咐**我千万不要毁约！
Māma **zhǔfù** wǒ qiānwàn bú yào huǐyuē!

⑧. **"千万不要～"** は「くれぐれも～するな」という意味の慣用表現。

34

▶ "有" を用いた連動文・兼語文

"有"

「ある」「いる」

🎧 Audio ▶ 34

---

① 私はあなたと相談したい事が**あります**。お時間ありますか。

---

② 私はあなたの世話をしている暇は**ない**。早く行きなさい。

---

③ 私は海外旅行に行くお金が**ない**が、国内旅行に行くお金は**あります**。

---

④ この授業出席する学生があまり**いない**ですよ。きっとつまらないのでしょう。

---

⑤ 私達のチームはホームランを打てる選手がたくさん**います**。

---

⑥ 市内の図書館にはパソコンを使用できる場所が**ありません**。本当に不便です。

---

⑦ ベンチで酔っ払いが寝て**います**。まったくもってちょっと目障りです。

---

⑧ 東京では心ゆくまで親しく話をする親友が**いない**ので、私は毎日ホームシックになっています。

補足メモ

④. **"很少 V"** は「ほとんど V しない」という意味の慣用表現。

⑤. 「多くの～」という場合 **"很多～"** の形をとります。**"多"** の前に **"很"** が必要。

☆ "有" を用いた連動文 ·································· ①②③
⇒ "S＋有＋目的語 O＋～"：「S には～する O がある」
※「S」が「～」の動作者（動作をする者）になる。否定の場合は "没有"。

☆ "有" を用いた兼語文 ·································· ④⑤⑥⑦⑧
⇒ "S＋有＋目的語 O＋～"：「S には～する O がいる」
：「S で O が～している」
※「O」が「～」の動作者（動作をする者）になる。否定の場合は "没有"。

我**有**事想跟你商量一下。有时间吗？
Wǒ **yǒu** shì xiǎng gēn nǐ shāngliang yíxià. Yǒu shíjiān ma?

我没**有**时间伺候你。 快走吧。
Wǒ méi**you** shíjiān cìhou nǐ. Kuài zǒu ba.

我没**有**钱去海外旅行，但是**有**钱去国内旅行。
Wǒ méi**you** qián qù hǎiwài lǚxíng, dànshì yǒu qián qù guónèi lǚxíng.

这节课很少**有**学生来上课？肯定没意思。
Zhèi jié kè hěn shǎo **yǒu** xuésheng lái shàngkè? Kěndìng méi yìsi.

我们队**有**很多选手能打本垒打。
Wǒmen duì **yǒu** hěn duō xuǎnshǒu néng dǎ běnlěidǎ.

城市里的图书馆**没有**地方能使用电脑。 真不方便。
Chéngshìli de túshūguǎn **méiyou** dìfang néng shǐyòng diànnǎo. Zhēn bù fāngbiàn.

板凳上**有**个醉汉在睡觉。 真有点儿不顺眼。
Bǎndèngshang **yǒu** ge zuìhàn zài shuìjiào. Zhēn yǒudiǎnr bú shùnyǎn.

因为东京**没有**好朋友尽情地聊天儿，我每天都想家。
Yīnwèi Dōngjīng **méiyou** hǎopéngyou jìnqíng de liáotiānr, měitiān dōu xiǎngjiā.

35

▶ "来" "去" を用いた述語表現①

動詞＋"来"＋動詞＋"去"

「あちこち～する」「あれこれ～する」

🎧 Audio ▶ 35

① 彼は部屋を歩き**回り**、まるで何かの問題について頭を巡らせているようです。

② 私は**あれこれ**考えて、最後に旅行に行かないと決めました。

③ 彼は**ぐだぐだ**と言って、まるで責任が全て私達の側にあるかのようでした。

④ 彼は**あれこれ**尋ねて、いつも試験問題を聞き出したいと考えています。

⑤ 子供たちは廊下を走り**回って**いて、本当に危ない。

⑥ 私はベッドで**あちこち**寝返りを打ち、どうしても寝付けません。

⑦ 彼女は町を歩き**回り**、まるで何かを探しているようです。

⑧ 皆は**あれこれ**相談し、最後はそれでも解決方法が見つけられませんでした。

③. **"責任在～"** は「責任は～にある」という意味の慣用表現。
④. この場合の **"出"** は動詞の後ろにつけて「分からないものが分かるようになる」ことを表す方向補語。

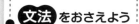

文法 をおさえよう

☆ "来" "去" を使った述語表現

⇒ "S＋動詞 V1 ＋来＋動詞 V2 ＋去"

※ V1 と V2 は同一の動詞、または類似の意味を
持つ動詞が用いられる。

他在屋里走**来**走**去**，好像在思考什么问题。
Tā zài wūli zǒu**lái** zǒu**qù**, hǎoxiàng zài sīkǎo shénme wèntí.

我想**来**想**去**，最后决定不去旅行了。
Wǒ xiǎng**lái** xiǎng**qù**, zuìhòu juédìng bú qù lǚxíng le.

他罗罗嗦嗦地说**来**说**去**，好像责任全在我们这边似的。
Tā luōluosuōsuōde shuō**lái** shuō**qù**, hǎoxiàng zérèn quán zài wǒmen zhèibian shìde.

他问**来**问**去**，老想问出个考试题来。
Tā wèn**lái** wèn**qù**, lǎo xiǎng wènchū ge kǎoshì tí lái.

孩子们在走廊里跑**来**跑**去**，真危险。
Háizimen zài zǒulángli pǎo**lái** pǎo**qù**, zhēn wēixiǎn.

我在床上翻**来**复**去**，怎么也睡不着觉。
Wǒ zài chuángshang fān**lái** fù**qù**, zěnme yě shuìbuzháo jiào.

她在街上逛**来**逛**去**的，好像在寻找什么。
Tā zài jiēshang guàng**lái** guàng**qù** de, hǎoxiàng zài xúnzhǎo shénme.

大家商量**来**商量**去**，最后还是没有找到解决办法。
Dàjiā shāngliang**lái** shāngliang**qù**, zuìhòu háishi méiyou zhǎodào jiějué bànfǎ.

---

⑥. **"睡着觉"** は「寝付く」という意味の慣用表現。

Part3　動詞＋目的語のバリエーションを増やそう　111

"来"＋動詞　"去"＋動詞

🎧 Audio ▶ **36**

① 彼はいつも他人の言葉をとらえてケチをつけたがります。

② ホームチームは、ビジターチームのエラーに乗じて一気に攻めました。

③ 私は必ず強い信念を持って困難な局面を打開したいと思います。

④ 詳しい情報は、メールかファックスでお知らせします。

⑤ 私達は節約によってコストを抑えるしかありません。

⑥ 野党は牛歩戦術を用いて、国会の審議を遅らせています。

⑦ 現状から見て、彼の現場への復帰は望めないだろうね。

⑧ この建物では、使用済みの水道水は、トイレの洗浄としても用いられます。

補足メモ

②. **"借着～去…"** は「～に乗じて…する」という意味の慣用表現。
③. **"抱着～去…"** は「～を抱きながら…する」という意味の慣用表現。

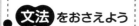

☆手段、方式を表す "来""去" を使った述語表現

⇒ "S＋手段（V1）＋来 / 去＋ V2"
: 「S は V1 して V2 する」……… ①②③④⑤⑥

⇒ "从＋尺度（〜）＋ V": 「ある尺度から V すると」 ⑦

⇒ "用来〜": 「〜として用いる」……………… ⑧

他总想抓住别人的话**去**找茬儿。
Tā zǒng xiǎng zhuāzhù biéren de huà **qù** zhǎochár.

主队借着客队的失误**去**一个劲儿地攻击。
Zhǔduì jièzhe kèduì de shīwù **qù** yí ge jìnr de gōngjī.

我一定要抱着坚强的信念**去**打开困难局面。
Wǒ yídìng yào bàozhe jiānqiáng de xìnniàn **qù** dǎkāi kùnnan júmiàn.

详细的消息，我们发电子邮件或传真**来**通知。
Xiángxì de xiāoxi, wǒmen fā diànzǐyóujiàn huò chuánzhēn **lái** tōngzhī.

我们只有靠节约**来**控制成本了。
Wǒmen zhǐ yǒu kào jiéyuē **lái** kòngzhì chéngběn le.

在野党采用拖延战术**来**拖延国会审议。
Zàiyědǎng cǎiyòng tuōyán zhànshù **lái** tuōyán guóhuì shěnyì.

从现状**来**看，他重返原来的单位是没有希望的。
Cóng xiànzhuàng **lái** kàn, tā chóngfǎn yuánlái de dānwèi shì méiyou xīwàng de.

这座楼，用过的自来水还用**来**冲洗厕所。
Zhèi zuò lóu, yòngguo de zìlái shuǐ hái yòng **lái** chōngxǐ cèsuǒ.

"～碗…" "看一眼"
「～杯分の…」「ちらりと見る」

🎧 Audio ▶ **37**

---

1 彼は大食いで、毎回の食事に**どんぶり飯3杯**食べます。

---

2 私は郵便局で、**2箱分の**本を郵送しました。

---

3 彼は大掃除で、部屋**いっぱいの**がらくたをすでに片付けました。

---

4 彼の注意がおろそかになっているうちに、私は彼を**ちらりと見ました**。

---

5 まったく頭に来るわ。彼を**一発ぶん殴って**やりたい。

---

6 彼女はわざと私の**足を踏みつけ**ました。

---

7 私は危なくマムシに噛まれそうになって、**冷や汗が出ました**。

---

8 私は今日道を歩いているときに不注意で、**転びました**。

補足メモ

1. **"頓"** は食事の回数を数える量詞。

☆名詞の名量詞としての借用⇒"数詞（～）＋量詞＋名詞 N"

　"～碗 N"：「～杯分の N」………① 　"～箱子 N"：「～箱分の N」……②
　"～屋子 N"：「～部屋分の N」…③

☆名詞の動量詞としての借用⇒"動詞 V ＋数詞（～）＋量詞"

　"看一眼"：「ちらりと見る」…④ 　"打一拳"：「一発ぶん殴る」……⑤
　"踩一脚"：「一踏みする」……⑥ 　"出一身汗"：「汗だくになる」…⑦
　"摔一跤"：「すてんと転ぶ」…⑧

他是大饭桶，每顿饭都吃**三大碗**。
Tā shì dà fàntǒng, měi dùn fàn dōu chī **sān dàwǎn**.

我在邮局寄出了**两箱子**书。
Wǒ zài yóujú jìchūle **liǎng xiāngzi** shū.

他打扫卫生时，把**一屋子**破烂儿都收拾了。
Tā dǎsǎo wèishēng shí, bǎ **yì wūzi** pòlànr dōu shōushi le.

趁他没注意，我**看**了他**一眼**。
Chèn tā méi zhùyì, wǒ **kàn**le tā **yì yǎn**.

真是气死我了。我要**打**他**一拳**。
Zhēnshi qìsǐ wǒ le. Wǒ yào **dǎ** tā **yì quán**.

她故意**踩**了我**一脚**。
Tā gùyì **cǎi**le wǒ **yì jiǎo**.

我差点儿被蝮蛇咬了，吓得**出**了**一身冷汗**。
Wǒ chàdiǎnr bèi fùshé yǎo le, xiàde **chū**le **yì shēn lěnghàn**.

我今天走路不小心，**摔**了**一跤**。
Wǒ jīntiān zǒulù bù xiǎoxīn, **shuāi**le **yì jiāo**.

⑧. **"摔跤"**（転ぶ）は「動詞**"摔"** ＋目的語**"跤"**」という形の離合詞。

"－次" "有～"

「述べ～回」「ある数量の～がある」

🎧 Audio ▶ **38**

---

① このアマチュア劇団は毎月の巡回公演が延べ 20 **回**に達します。

---

② 上海万博の来場者数は延べ 73,000,000 **人**に達しました。

---

③ 東京一福岡間は、一日延べ 20 **本**以上の飛行機が運行しています。

---

④ 毎日ここから関西地区へ出発する観光バスは延べ 4、50 **台**あります。

---

⑤ このプールは幅 100 メートル、深さ 2 メートル**あります**。

---

⑥ 彼は身長が低く、1 メートル 40 センチしかありません。

---

⑦ あなたは体重何キロですか。――80 キロです。

---

⑧ 万里の長城は長さ約 6000 キロメートル**あります**。

---

⑤. 形容詞の部分、それぞれ対義語の **"窄** zhǎi**"**（狭い）、**"浅** qiǎn**"**（浅い）を使って**"*有一百米窄""*有两米浅"**とは言えません。

☆「延べ〜回」という意味を表す語順は

⇒ "数詞＋名量詞＋動量詞" ……………… 1 2 3 4

☆度量衡を表す表現

⇒ "（有）＋数量＋名量詞＋形容詞〜" ……… 5 6 7 8
：「ある数量の〜がある」

这个业余剧团每个月巡回演出多达二十**场次**。

Zhèige yèyú jùtuán měi ge yuè xúnhuí yǎnchū duō dá èrshí **chǎngcì**.

上海世博的来客达到了七千三百万**人次**。

Shànghǎi shìbó de láikè dádàole qīqiānsānbǎiwàn **réncì**.

东京和福冈之间，一天运行二十多**班次**飞机。

Dōngjīng hé Fúgāng zhījiān, yìtiān yùnxíng èrshí duō **bāncì** fēijī.

每天从这儿发往关西地区的观光车有四、五十**车次**。

Měitiān cóng zhèr fāwǎng Guānxī dìqū de guānguāngchē yǒu sì、wǔshí **chēcì**.

这个游泳池**有**一百米**宽**，**有**两米**深**。

Zhèige yóuyǒngchí **yǒu** yìbǎi mǐ **kuān**, **yǒu** liǎng mǐ **shēn**.

他长得很矮，只**有**一米四（**高**）。

Tā zhǎngde hěn ǎi, zhǐ **yǒu** yì mǐ sì (**gāo**).

你多重？ ——**有**八十公斤（**重**）。

Nǐ duō zhòng? — **Yǒu** bāshí gōngjīn (**zhòng**).

万里长城大约**有**六千公里**长**。

Wànlǐ Chángchéng dàyuē **yǒu** liùqiān gōnglǐ **cháng**.

39

"张" "顿"
"一次" "三年"

🎧 Audio ▶ **39**

---

① 私はコンビニでインクジェットの年賀はがきを **50 枚**買いました。

---

② 私は**一度**だけキャビアを食べたことがあります。

---

③ 彼は最近忙しく、一日に **3 食**食べる時間がありません。

---

④ 私は最近生活リズムが崩れ、今週 **3 回**寝坊しました。

---

⑤ 私は昨日久しぶりに会った友人と、**一晩中**話し込んでいました。

---

⑥ 私は以前 **3 年間**カナダに住んだことがあります。

---

⑦ 私は彼と**一度**電話で話をしたことはありますが、面識はありません。

---

⑧ あなたに**一日**は猶予をあげられます。 それ以上は待てません。

---

①. **"～用的…"** は「～用の…」という意味の慣用表現。

☆数量詞と名詞（N）の基本語順 ⇒ 数詞＋量詞＋名詞

① "動詞 V ＋数詞＋名量詞＋名詞 N" ················· ①
　　：「ある数の N を V する」

② "動詞 V ＋数詞＋回数＋名詞 N" ················· ② ③ ④ ⑦
　　：「ある回数 N を V する」

③ "動詞 V ＋数詞＋時間の長さ（＋名詞 N）" ········· ⑤ ⑥ ⑧
　　：「ある時間の長さ O を N を V する」

我在便利店买了**五十张**喷墨打印机用的贺年片。
Wǒ zài biànlìdiàn mǎile **wǔshí zhāng** pēnmò dǎyìnjī yòng de hèniánpiàn.

我只吃过**一次**鱼子酱。
Wǒ zhǐ chīguo **yí cì** yúzǐjiàng.

他最近太忙，一天没时间吃**三顿**饭。
Tā zuìjìn tài máng, yì tiān méi shíjiān chī **sān dùn** fàn.

我最近生活节奏乱了，这个星期睡了**三次**懒觉。
Wǒ zuìjìn shēnghuó jiézòu luàn le, zhèige xīngqī shuìle **sān cì** lǎnjiào.

我昨天跟久别重逢的朋友聊了**一个**晚上的天儿。
Wǒ zuótiān gēn jiǔbié chóngféng de péngyou liáole **yí ge** wǎnshang de tiānr.

我以前在加拿大住过**三年**。
Wǒ yǐqián zài Jiānádà zhùguo **sān nián**.

我跟他通过**一次**电话，不过没见过面。
Wǒ gēn tā tōngguo **yí cì** diànhuà, búguò méi jiànguo miàn.

我可以给你缓期**一天**，不能再等了。
Wǒ kěyǐ gěi nǐ huǎnqī **yì tiān**, bù néng zài děng le.

⑤. **"聊天儿"** は「動詞 **"聊"** ＋目的語 **"天儿"**」という形の離合詞。

"说～说得…。"

「～を話すのが…」

🎧 Audio ▶ **40**

---

① 彼はロシア語をとても流暢に**話します**。

---

② 彼女はスケートがそんなにうまくありません。

---

③ 私は新幹線に一度だけ**乗ったことがあります**。

---

④ 彼はフグちりを何度も**食べたことがあります**。

---

⑤ 私は今年シンガポールに二度行**きました**。

---

⑥ 私は、彼にたぶん何度も**注意したことがあります**が、結局無駄でした。

---

⑦ 彼は毎日4、5時間残業です。

---

⑧ 私は毎日1時間ジョギングをして、気分爽快です。

---

②. **"滑冰"** は「動詞 **"滑"** ＋目的語 **"冰"**」という形の離合詞。
⑦. **"加班"** は「動詞 **"加"** ＋目的語 **"班"**」という形の離合詞。

☆同じ動詞を繰り返す表現

① "S＋V＋O＋V得＋様態補語(〜)" ･･････････････････････ ①②
 :「SはOをVするのが〜／〜な感じでOをVする」

② "S＋V＋O＋V＋動作回数(〜)" ････････････････････ ③④⑤⑥
 :「SはOを〜回Vする」

③ "S＋V＋O＋V＋時間の長さ(〜)" ･･････････････････ ⑦⑧
 :「SはOを〜の期間Vする」

他**说**俄语**说得**很流利。
Tā **shuō** Éyǔ **shuō**de hěn liúlì.

她**滑**冰**滑得**不太好。
Tā **huá** bīng **huá**de bú tài hǎo.

我**坐**新干线**坐过**一次。
Wǒ **zuò** Xīngànxiàn **zuòguo** yícì.

他**吃**河豚火锅**吃过**好几次。
Tā **chī** hétún huǒguō **chīguo** hǎo jǐ cì.

我今年**去**新加坡**去了**两趟。
Wǒ jīnnián **qù** Xīnjiāpō **qùle** liǎng tàng.

我**提醒**他恐怕**提醒过**好几次，可都没用。
Wǒ **tíxǐng** tā kǒngpà **tíxǐng**guo hǎo jǐ cì, kě dōu méi yòng.

他每天**加**班**加**四、五个小时。
Tā měitiān **jiā** bān **jiā** sì、wǔ ge xiǎoshí.

我每天**跑**步**跑**一个小时，精神很舒爽。
Wǒ měitiān **pǎo** bù **pǎo** yí ge xiǎoshí, jīngshen hěn shūshuǎng.

※動詞を繰り返さない形式もある。初級編 44・45 課参照

Part

4

同じ漢字を持つ単語を
まとめて覚えよう

▶ "按" "照" の付く言葉

"按〜" "照〜" "按照〜"
「〜に基づいて」

🎧 Audio ▶ **41**

① 特別な要求はありません。規則**に基づいて**行動していただければ結構です。

---

② 野球のセオリー**では**、左バッターと対戦する時は左ピッチャーが有利とされている。

---

③ 心配しないで。説明書**通りに**操作すればいいから。

---

④ 私たちは配布した資料**に基づいて**解説します。3ページ目を開いて下さい。

---

⑤ 何をするにも基本が大事です。お手本**通りに**試して下さい。

---

⑥ 上の指図**に従って**動けるだけでもだめですよ。

---

⑦ 彼は人の心を掌握するのが得意で、個人の性格**に基づいて**対応の方法を調整することができます。

---

⑧ これは自分の信念**に基づいて**したことです。別に後悔していません。

補足メモ

① "〜**就行**" と「〜したらよい」という意味の慣用表現。

☆ "按""照"の付く言葉：「〜に基づいて（V する）」

◎ "S ＋**按**＋基点/基準 ＋ 動詞 V" ················· 1️⃣2️⃣3️⃣

◎ "S ＋**照（着）**＋見本/手本 ＋ 動詞 V" ·············· 4️⃣5️⃣

◎ "S ＋**按照**＋基点/基準 ＋ 動詞 V" ·············· 6️⃣7️⃣8️⃣

※この場合、動詞は二音節（二文字）に限られる。

没有特别的要求，**按**规章行动就行。

Méiyou tèbié de yāoqiú, **àn** guīzhāng xíngdòng jiù xíng.

按棒球的理论，跟左打者对阵时左投手较有利。

Àn bàngqiú de lǐlùn, gēn zuǒ dǎzhě duìzhèn shí zuǒ tóushǒu jiào yǒulì.

别担心。**按**说明书操作就行。

Bié dānxīn. **Àn** shuōmíngshū cāozuò jiù xíng.

我们**照着**分发的资料来讲解。请打开第三页。

Wǒmen **zhàozhe** fēnfā de zīliào lái jiǎngjiě. Qǐng dǎkāi dì sān yè.

做什么事基础都很重要，**照着**示范去试一试。

Zuò shénme shì jīchǔ dōu hěn zhòngyào, **zhàozhe** shìfàn qù shì yi shì.

只会**按照**上级的指挥行动也不行。

Zhǐ huì **ànzhào** shàngjí de zhǐhuī xíngdòng yě bù xíng.

他善于掌握人心，能**按照**个人的性格调整对待方式。

Tā shànyú zhǎngwò rénxīn, néng **ànzhào** gèrén de xìnggé tiáozhěng duìdài fāngshì.

这是**按照**自己的信念做的，并不后悔。

Zhè shì **ànzhào** zìjǐ de xìnniàn zuò de, bìng bu hòuhuǐ.

"別看～" "別说～"

「～だが」「～は言うまでもなく」

🎧 Audio ▶ 42

---

① 彼は若い**が**、なかなか手腕がある。くれぐれも彼を侮るな。

---

② 彼は潜在能力が並はずれている**が**、いつも持っているレベルを発揮
できません。

---

③ 彼女は日ごろ無口だ**が**、言うべき時は伝える能力がとても高いです。

---

④ このことは隠そうとしても無駄だよ。私の家は**言うまでもなく**、近
所でさえ皆知っているよ。

---

⑤ 今回の試験は本当に難しい。植松さんは**もちろん**、山崎さんでさえ
80 点とれなかったのだから。

---

⑥ 前田さんは中国語は**言うまでもなく**、ドイツ語、フランス語も話せ
る。本当にすごい！

---

⑦ こんなの簡単だよ。野村さんは**もちろん**、私でさえ説明できる。

---

⑧ 彼女は大学生**だが**、知能は高校生以下だ。一般常識でさえ知らない
なんて。

---

③. **"强"** は「優れている」という意味もあります。
⑥. **"了不起"** は「すごい」という意味の慣用表現。

☆ "别" の付く言葉

◎ "别看～，但是 / 可是＋(S)＋…" ……………… 1 2 3 8
　：「～だが、（S は）…」

◎ "别说～，（连）＋S＋也 / 都…" …………… 4 5 6 7
　：「～は言うまでもなく、S さえも…」

别看他年轻，但是很有两下子。 千万别看不起他。
Biékàn tā niánqīng, dànshì hěn yǒu liǎngxiàzi.　　Qiānwàn bié kànbuqǐ tā.

别看他潜在能力非凡，可老是不能发挥应有的水平。
Biékàn tā qiánzài nénglì fēifán, kě lǎoshì bù néng fāhuī yīng yǒu de shuǐpíng.

别看她平时不爱说话，可该说的时候表达能力非常
强。 **Biékàn** tā píngshí bú ài shuōhuà, kě gāi shuō de shíhou biǎodá nénglì
fēicháng qiáng.

这件事想隐瞒也是没用的。 **别说**我家，连近邻都知
道。 Zhèi jiàn shì xiǎng yǐnmán yě shì méiyòng de.**Biéshuō** wǒ jiā, lián
jìnlín dōu zhīdao.

这次考试真难。 **别说**植松，连山崎也没能得八十分。
Zhèi cì kǎoshì zhēn nán. **Biéshuō** Zhísōng, lián Shānqí yě méi néng dé bā
shí fēn.

前田，**别说**汉语，连德语和法语都会说。 真了不起！
Qiántián, **biéshuō** Hànyǔ, lián Déyǔ hé Fǎyǔ dōu huì shuō. Zhēn liǎobuqǐ!

这样的问题太简单了。 **别说**野村，连我也可以解释。
Zhèi yàng de wèntí tài jiǎndān le. **Bié shuō** Yěcūn, lián wǒ yě kěyǐ jiěshì.

别看她是大学生，可是智能不如高中生。 连一般常
识也不懂。 **Biékàn** tā shì dàxuéshēng, kěshì zhìnéng bùrú
gāozhōngshēng. Lián yìbān chángshí yě bù dǒng.

"不管～" "尽管～"
「～としても」「～だが」

🎧 Audio ▶ **43**

① 誰が来た**としても**、私は絶対に負けません。皆さん、応援よろしく
お願いします。

② 彼女はずっと明るく、どんな困難に**あっても**笑顔で受け答えします。

③ 皆がどんなに私を非難**しても**、私は付和雷同しません。

④ 私にはプライドがあります。どんなに飢えて**いても**、他人のものを
とったりはしません。

⑤ 彼は癌を患ってい**ますが**、これまで悲観的な様子を見せたことがあ
りません。

⑥ 皆とても疲れて**いたが**、不平を言うものは一人もいませんでした。

⑦ 気持ちの上では私は仲直りしたいと思って**いましたが**、口ではなか
なか言い出すことができませんでした。

⑧ 小さいころ私の家は貧乏**でしたが**、別に大したことだとは感じませ
んでした。

⑥. **"没有** + 人 + ～" は「～する人はいない」という意味の慣用表現。

☆ "管" の付く言葉：

◎ "不管+疑問文～, (S) +都 / 也 / 还+…" ……… ① ② ③ ④
：「～としても、（Sは）…」

◎ "尽管+平叙文～, 但是 / 可是+ (S) +…" ……… ⑤ ⑥ ⑦ ⑧
：「～だが、（Sは）…」

不管谁来，我肯定都不会输。请大家给我鼓劲。
Bùguǎn shéi lái, wǒ kěndìng dōu bú huì shū. Qǐng dàjiā gěi wǒ gǔjìn.

她一向很开朗，**不管**遇到什么困难，**都**笑脸应对。
Tā yí xiàng hěn kāilǎng, **bùguǎn** yùdào shénme kùnnán, **dōu** xiàoliǎn yìngduì.

不管大家怎么责备我，我**也**不会随声附和的。
Bùguǎn dàjiā zěnme zébèi wǒ, wǒ **yě** bú huì suí shēng fùhè de.

我有自尊心，**不管**多么饿，我**也**不会拿别人的东西。
Wǒ yǒu zìzūnxīn, **bùguǎn** duōme è, wǒ **yě** bú huì ná biéren de dōngxi.

他**尽管**身患癌症，**但是**从未显出悲观的样子。
Tā **jǐnguǎn** shēn huàn áizhèng, **dànshì** cóngwèi xiǎnchū bēiguān de yàngzi.

尽管大家很累，**可是**没有一个人抱怨。
Jǐnguǎn dàjiā hěn lèi, **kěshì** méiyou yí ge rén bàoyuàn.

在心里上我**尽管**想和好，**但是**嘴上却没能说出来。
Zài xīnlishang wǒ **jǐnguǎn** xiǎng héhǎo, **dànshì** zuǐshang què méi néng shuōchulai.

小时候我家**尽管**很穷，**但是**并没感觉有什么大的不方便。 Xiǎoshíhou wǒ jiā **jǐnguǎn** hěn qióng, **dànshì** bìng méi gǎnjué yǒu shénme dà de bù fāngbiàn.

⑦. **"能"** は **"没"** で否定することもできます。

44

▶ "－得" の動詞

"记得" "忘得" "觉得"
"晓得" "显得"

🎧 Audio ▶ 44

---

① あの時あなたが酔っぱらった後演じた醜態、まだ**覚えてますか**。

---

② 私はいったい何を言ったのか全く**覚えてい**ません。すっかり**忘れて
しまいました**。

---

③ もしこういう風に続けていったら、功をあせって方法を誤るだろう
と思います。

---

④ 彼女がいつ中国に出発するか**知っていますか**。— **知りません**。

---

⑤ 皆と一緒に遊びに行くのが、私はいつも不自由に**感じます**。

---

⑥ 彼女は活字嫌いだと**思います**。これまで新聞を読むのを一度も見た
ことがありません。

---

⑦ 彼はいつも満面の笑みで、とても楽観的**に見えます**。

---

⑧ 彼は顔中しわだらけです。つらい経験をたくさん経てきた**ようです**。

---

⑥. "**从没（有）V 过～**" は、「これまで～するのを V したことがない」と
いう意味の慣用表現。

☆ **文法**をおさえよう

☆ "－得" の動詞

◎ "记得＋名詞／文（〜）"：「〜を／だと記憶している」………①②

◎ "忘得＋状態／文（〜）"：「〜忘れてしまう」 ………………②

◎ "觉得＋状態／文（〜）"：「〜だと感じる／思う」 ………③⑤⑥

◎ "晓得＋名詞／文（〜）"：「〜を／だと知っている」…………④

◎ "显得＋状態（〜）"：「〜のように見える」………………⑦⑧

那时候你喝醉后出的洋相，还**记得**吗？
Nà shíhou nǐ hēzuì hòu chū de yángxiàng, hái **jìde** ma?

我完全不**记得**到底说什么了。我**忘得**干干净净的。
Wǒ wánquán bú **jìde** dàodǐ shuō shénme le. Wǒ **wàngde** gānganjìngjìng de.

我**觉得**如果你这样下去，会拔苗助长的。
Wǒ **juéde** rúguǒ nǐ zhèiyàngxiaqu, huì bá miáo zhù zhǎng de.

你**晓得**她什么时候出发去中国吗？——不**晓得**。
Nǐ **xiǎode** tā shénme shíhou chūfā qù Zhōngguó ma? Bù **xiǎode**.

我总**觉得**跟大家一起去玩儿不太自由。
Wǒ zǒng **juéde** gēn dàjiā yìqǐ qù wánr bú tài zìyóu.

我**觉得**她可能不喜欢铅字印刷品，从没见过她看报纸。Wǒ **juéde** tā kěnéng bù xǐhuan qiānzì yìnshuāpǐn, cóng méi jiànguo tā kàn bàozhǐ.

他总是笑容满面，**显得**挺乐观的。
Tā zǒngshì xiàoróng mǎnmiàn, **xiǎnde** tǐng lèguān de.

他满脸都是皱纹，**显得**饱经忧患似的。
Tā mǎnliǎn dōu shì zhòuwén, **xiǎnde** bǎo jīng yōuhuàn shìde.

⑧. "〜似的" は「〜のようである」という意味の慣用表現。

45

▶ "于" の付く言葉

"对于～" "关于～" "至于～"

「～に対して」「～に関して」「～に至っては」

🎧 Audio ▶ **45**

---

① この問題**に対して**、私は全力で対処します。

---

② 不真面目な生徒**に対して**、先生は基本的に無視した態度を取っています。

---

③ 就職問題**に対して**、彼は心の準備ができていません。先が思いやられます。

---

④ この事**に関して**、必ず秘密にして。外に漏らしてはいけない。

---

⑤ 寝る**となると**、彼は天才です。横になると3秒で眠ることができます。

---

⑥ 公平性という問題**に関して**、彼を信用してください。彼は決して私情を挟むことがありません。

---

⑦ 私は行きます。行く行かないか**について**は、あなた自身で決めてください。

---

⑧ 王さんはいい人です。張さんに**至って**は、私は少しも面識がありません。

---

② . **"采取～（的）态度"** は「～な態度をとる」という意味の慣用表現。
⑧ . **"一点也不～"** は「少しも～しない／でない」という意味の慣用表現。

☆ "于" の付く言葉

◎ **"对于～ , S…"**：「～に対して、S は～する」……… ①②③
◎ **"关于～ , S…"**：「～に関して、S は～だ」………… ④⑥
◎ **"至于～ , S…"**：「～に至っては、S は～となる」… ⑤⑦⑧
※主語 S はそれまでの話題と関連するトピックを表す。

对于这个问题，我会全力对付。
Duìyú zhèi ge wèntí, wǒ huì quánlì duìfu.

对于不认真的同学，老师基本上采取无视态度。
Duìyú bú rènzhēn de tóngxué, lǎoshī jīběnshang cǎiqǔ wúshì tàidu.

对于就业问题，他没有思想准备，前途令人担心。
Duìyú jiùyè wèntí, tā méiyou sīxiǎng zhǔnbèi, qiántú lìng rén dānxīn.

关于这件事，你一定要保密，别泄露出去。
Guānyú zhèi jiàn shì, nǐ yídìng yào bǎomì, bié xièlòuchuqu.

至于睡觉，他可是个天才。一躺下三秒钟就能睡着。
Zhìyú shuìjiào, tā kě shì ge tiāncái.Yí tǎngxia sānmiǎozhōng jiù néng shuìzháo.

关于公平问题，请相信他。他绝不会搀杂私情。
Guānyú gōngpíng wèntí, qǐng xiāngxìn tā.Tā jué bú huì chānzá sīqíng.

我去。**至于**你去不去，你自己决定。
Wǒ qù. **Zhìyú** nǐ qù bu qù, nǐ zìjǐ juédìng.

小王是个好人，**至于**小张，我一点儿也不熟。
XiǎoWáng shì ge hǎo rén, **zhìyú** Xiǎo Zhāng, wǒ yìdiǎnr yě bù shú.

"理解" "了解" "諒解" "辯解"

「理解する」「了解する」

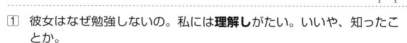

🎧 Audio ▶ 46

① 彼女はなぜ勉強しないの。私には**理解し**がたい。いいや、知ったことか。

② 彼の考えはみんなの**理解**を得られず、いささかがっかりです。

③ 彼の性格は**分かり**づらい部分が少なくないですが、根はいいやつです。

④ 私は彼の家庭の状況をあまり**把握して**いないので、何とも言えません。

⑤ あなた達二人はずっと口を聞いてないね。いつ互いに**分かり**合うのやら。

⑥ これはどうしようもなかったのです。皆さんの**理解**が得られれば幸いです。

⑦ **言い訳する**な。明らかにあなたが間違っている。

⑧ まったくもう、もし**弁解し**たいのなら、まずもっと説得力のある言い訳を考えな。

補足メモ

①. **"管他（她）呢"** は「知るものか」という意味の慣用表現。

☆ "解" の付く言葉

① "理解"：「（感情の面から）理解する」 ………………… [1][2][3]
② "了解"：「（客観的に）理解する」 ………………………… [4]
③ "谅解"：「了解する；了承する」 ……………………… [5][6]
④ "辩解"：「弁解する」 …………………………………… [7][8]

她怎么不学习呢？ 我很难**理解**。 好了，管她呢！
Tā zěnme bù xuéxí ne?　　Wǒ hěn nán **lǐjiě**.　　Hǎole, guǎn tā ne!

他的想法没能得到大家的**理解**，感觉有些沮丧。
Tā de xiǎngfa méi néng dédào dàjiā de **lǐjiě**, gǎnjué yǒuxiē jǔsàng.

他的性格有不少地方难以**理解**，不过心眼儿很好。
Tā de xìnggé yǒu bù shǎo dìfang nányǐ **lǐjiě**, búguò xīnyǎnr hěn hǎo.

我不太**了解**他的家庭情况，不好说什么。
Wǒ bú tài **liǎojiě** tā de jiātíng qíngkuàng, bù hǎo shuō shénme.

你们俩一直都不说话，不知什么时候能互相**谅解**？
Nǐmen liǎ yìzhí dōu bù shuō huà, bù zhī shénme shíhou néng hùxiāng **liàngjiě**?

这是没办法的。 希望能得到大家的**谅解**。
Zhè shì méi bànfǎ de.　　Xīwàng néng dédào dàjiā de **liàngjiě**.

别**辩解**了，明明是你不对。
Bié **biànjiě** le, míngmíng shì nǐ bú duì.

真是的，如果你想**辩解**，先想出更有说服力的借口
来吧。　　Zhēn shì de, rúguǒ nǐ xiǎng **biànjiě**, xiān xiǎngchū gèng yǒu
shuōfúlì de jièkǒu lái ba.

[8]. **"想出更有说服力的借口来"** は「動詞 **"想"** ＋方向補語 **"出"** ＋目的語 **"更有说服力的借口"** ＋方向動詞 **"来"**」の形になっています。

47 ▶ "最" の付く言葉

"最多" "至多" "至少" "最好"

「せいぜい」「少なくとも」「〜するのが一番いい」

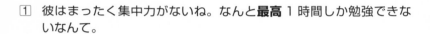

🎧 Audio ▶ 47

① 彼はまったく集中力がないね。なんと**最高**1時間しか勉強できないなんて。

---

② あなたのレベルなら、**少なくとも**5級は受かるんじゃない。

---

③ 彼には期待しています。**少なくとも**山田さんの穴は埋めてくれるだろう。

---

④ 私は**少なくとも**年に2回、実家に帰ります。

---

⑤ 自分の事は全部人任せにせず、自分で決める**のが一番いい**。

---

⑥ 彼の怪我が完治するには**少なくとも**1カ月はかかります。

---

⑦ 彼は最近ずっと忙しくて、毎日**せいぜい**3時間しか寝られません。

---

⑧ 痩せたいなら、規律のある生活をするのと適度な運動を**した方がいい**ですよ。

---

⑤.**"做主"** は「〜が決める」という慣用表現。
⑧.**"有規律"** は「規律正しい」というまとまった表現として覚えましょう。

136

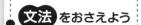

☆ "最"の付く言葉

◎ "S＋**最多 / 至多**＋動詞 V＋数量" ……………………… 1️⃣7️⃣
: 「Sはせいぜいある数量しかVしない」

◎ "S＋**最少 / 至少**＋動詞 V＋数量" ………………… 2️⃣3️⃣4️⃣6️⃣
: 「Sは少なくともある数量しかVしない」

◎ "S＋**最好**＋動詞 V＋数量" …………………………… 5️⃣8️⃣
: 「SはVするのが一番いい／した方がいい」

他真是没有集中力，竟然**最多**只能学习一个小时。
Tā zhēnshi méiyou jízhōnglì, jìngrán **zuìduō** zhǐ néng xuéxí yí ge xiǎoshí.

看你的程度，估计**至少**可以通过五级吧。
Kàn nǐ de chéngdù, gūjì **zhìshǎo** kěyǐ tōngguò wǔjí ba.

我期望着他。**至少**能填补山田的空缺吧。
Wǒ qīwàngzhe tā. **Zhìshǎo** néng tiánbǔ Shāntián de kòngquē ba.

我一年**至少**回两次老家。
Wǒ yìnián **zhìshǎo** huí liǎng cì lǎojiā.

自己的事别都依靠别人，**最好**你自己做主。
Zìjǐ de shì bié dōu yīkào biéren, **zuìhǎo** nǐ zìjǐ zuòzhǔ.

他的伤痊愈**至少**也要一个月。
Tā de shāng quányù **zhìshǎo** yě yào yí ge yuè.

他最近一直很忙，每天**最多**只能睡三个小时觉。
Tā zuìjìn yìzhí hěn máng, měitiān **zuìduō** zhǐnéng shuì sān ge xiǎoshí jiào.

要想瘦的话，**最好**过有规律的生活，做适当的运动。
Yào xiǎng shòu de huà, **zuìhǎo** guò yǒu guīlǜ de shēnghuó, zuò shìdàng de yùndòng.

48

▶ "只" の付く言葉

"只好" "只得" "只管" "只顾"

「〜するしかない」「〜ばかりする」

🎧 Audio ▶ **48**

① 私は終電を逃しました。家に歩いて帰る**しかありません**。

② 熱が出たので、私は何もできません。薬を飲んでよく休む**しかありません**。

③ 万策尽きたな。最後は神頼み**しかない**な。

④ 彼は一日中ネット**ばかり**しています。彼の視力はきっと悪くなりますよ。

⑤ 税理士の資格を得るために、私は一日中遅くまで勉強**ばかり**しています。

⑥ 彼は残業して**ばかり**で、いつも夜中になってやっと帰宅します。

⑦ 心を落ち着かせるため、私は音楽**ばかり**聞いています。

⑧ 彼は飲み食い**ばかり**して、家庭の経済状況を考慮したことがありません。

⑥. **"V 了オ〜"** は「V してやっと〜する」という意味の慣用表現。

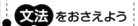

文法 をおさえよう

☆ "只" の付く言葉

◎ "S＋**只好** / **只得**＋動詞 V（＋目的語 O）" ·············· 1️⃣2️⃣3️⃣
　　：「S は（O を）V するしかない」

◎ "S＋**只管** / **只顾**＋動詞 V（＋目的語 O）" ············· 4️⃣5️⃣6️⃣7️⃣8️⃣
　　：「S は（O を）V するばかりだ」

我没赶上末班电车，**只好**走回家。
Wǒ méi gǎnshang mòbān diànchē, **zhǐhǎo** zǒuhuí jiā.

发烧了，我什么都不能做。**只好**吃了药好好儿休息。
Fāshāo le, wǒ shénme dōu bù néng zuò. **Zhǐhǎo** chīle yào hǎohāor xiūxi.

策略用尽了，最后**只得**求神保佑了。
Cèlüè yòngjìn le, zuìhòu **zhǐdé** qiú shén bǎoyòu le.

他整天**只管**上网。他的视力会下降的。
Tā zhěngtiān **zhǐguǎn** shàngwǎng.Tā de shìlì huì xiàjiàng de.

为了拿到税理士的资格证，我一天到晚都**只管**学习。
Wèile nádào shuìlǐshì de zīgézhèng, wǒ yìtiān dào wǎn dōu **zhǐguǎn** xuéxí.

他**只顾**加班，总是到了半夜才回家。
Tā **zhǐgù** jiābān, zǒngshì dàole bànyè cái huíjiā.

为静下心来，我**只顾**听音乐。
Wèi jìngxià xīn lái, wǒ **zhǐgù** tīng yīnyuè.

他**只顾**吃喝，从不考虑家庭经济情况。
Tā **zhǐgù** chī hē, cóng bù kǎolǜ jiātíng jīngjì qíngkuàng.

7️⃣. **"静下心来"** は「心を落ち着ける」という意味の慣用表現。「形容詞 **"静"** ＋
方向補語 **"下"** ＋目的語 **"心"** ＋方向動詞 **"来"**」の形になっています。

Part

5

慣用表現を
覚えよう

49

▶慣用表現①

"什么" "哪儿" "什么时候"
"怎么" "何时" "谁"

🎧 Audio ▸ **49**

① 言いたいことは**何でも**言ったらいいですよ。そうすればすっきりしますよ。

② したいことがあるなら、**何でも**やりな。そうでないと後悔するよ。

③ 行きたいところへは**どこへでも**行って下さい。私は一緒にお供します。

④ 無理はしないで下さい。休みたい**時はいつでも**休んでいいですよ。

⑤ 羽目を外さないのなら、したい**ようにして**いいですよ。

⑥ 行きたい**時に**行って下さい、ご自由に。

⑦ 私は気にしないので、私と一緒に行きたい**人は、誰でも**一緒に行っていいです。

⑧ 参加したい人は、誰でも歓迎します。私に一声かけて下さい。

補足メモ

⑤. **"保持一定的分寸"** は「分をわきまえる」という意味の慣用表現。

文法 をおさえよう

☆疑問詞の連鎖表現

◎ **"～什么…什么"**：「～するものは何でも…する」 ············· ①②
◎ **"～哪儿…哪儿"**：「～するところはどこでも…する」 ············· ③
◎ **"什么时候～什么时候…"**：「～する時はいつでも…する」 ······ ④
◎ **"怎么～怎么…"**：「～するように…する」 ············· ⑤
◎ **"何时～何时…"**：「～する時はいつでも…する」 ············· ⑥
◎ **"谁～谁…"**：「～する人は誰でも…する」 ············· ⑦⑧

你想说**什么**，就说**什么**。这样心里就痛快了。
Nǐ xiǎng shuō **shénme**, jiù shuō **shénme**. Zhèiyàng xīnli jiù tòngkuai le.

你想做**什么**，就做**什么**吧。不然会后悔的。
Nǐ xiǎng zuò **shénme**, jiù zuò **shénme** ba. Bùrán huì hòuhuǐ de.

你想去**哪儿**，就去**哪儿**。我陪你一起去。
Nǐ xiǎng qù **nǎr**, jiù qù **nǎr**.　　　　Wǒ péi nǐ yìqǐ qù.

不要太勉强了。**什么时候**想休息**什么时候**可以休息。
Búyào tài miǎnqiǎng le. **Shénme shíhou** xiǎng xiūxi **shénme shíhou** kěyǐ xiūxi.

如果保持一定的分寸，就可以想**怎么**做，就**怎么**做。
Rúguǒ bǎochí yídìng de fēncun, jiù kěyǐ xiǎng **zěnme** zuò, jiù **zěnme** zuò.

何时想去就**何时**去，随便。
Héshí xiǎng qù jiù **héshí** qù, suíbiàn.

我无所谓。**谁**想跟我一起去，**谁**都可以一起去。
Wǒ wúsuǒwèi. **Shéi** xiǎng gēn wǒ yìqǐ qù, **shéi** dōu kěyǐ yìqǐ qù.

谁想来参加，我就欢迎**谁**。告诉我一声。
Shéi xiǎng lái cānjiā, wǒ jiù huānyíng **shéi**. Gàosu wǒ yì shēng.

⑧. **"告诉**＋人（～）＋**一声"** は「～に一声かける」という意味の慣用表現。**"声"** は「話す」という類の動作を数える動量詞です。

"～呢？"

「～は？」

🎧 Audio ▶ **50**

① 私はこの料理が食べたいです。あなた**は**。

② どうしたの、来たのはあなただけですか。他の人**は**。

③ 私のタンブラー**は**。 どうして棚の上にないの。

④ あのことはもう終わったじゃない。 言うことはないじゃない**の**。

⑤ まったくもう！ あなたはどうしていつも口実をつけてサボろうとする**の**。

⑥ 君遅刻が多いね！ これじゃあ、減俸だ**ね**。

⑦ 私たちは忙しくして**いるので**、邪魔しないでください。

⑧ 赤ちゃんが寝て**いるので**、呼び鈴を押さないで下さい！

補足メモ

⑤. **"真是的"** は「まったくもう」という慣用表現。
⑥. **"可～呢"** は「本当に～だ」という慣用表現。

☆語気助詞の "呢"

①話題転換：「〜は？」 ………………………… 123
②疑問：「〜なの？」 ………………………………… 5
③進行：「〜しているのです」 ……………………… 78
④反語：「〜なものか」 …………………………… 4
⑤誇張：「〜だね」 ………………………………… 6

※ "可〜呢" "オ〜呢" "还〜呢" のような形で用いられる。

我想吃这个菜。你**呢**？
Wǒ xiǎng chī zhèi ge cài. Nǐ **ne**?

怎么，来的只有你一个人？其他人**呢**？
Zěnme, lái de zhǐyǒu nǐ yí ge rén? Qítā rén **ne**?

我的平底大玻璃杯**呢**？怎么不在柜子上？
Wǒ de píngdǐ dàbōlibēi **ne**? Zěnme bú zài guìzishang?

那件事已经结束了，何必说**呢**？
Nèi jiàn shì yǐjīng jiéshù le, hébì shuō **ne**?

真是的！你怎么总是找个借口偷懒**呢**？
Zhēn shì de! Nǐ zěnme zǒngshì zhǎo ge jièkǒu tōulǎn **ne**?

你迟到可多**呢**！这样就得减薪**呢**！
Nǐ chídào kě duō **ne**! Zhèiyàng jiù děi jiǎnxīn **ne**!

我们正忙**呢**，别打扰了。
Wǒmen zhèng máng **ne**, bié dǎrǎo le.

婴儿睡觉**呢**，别按门铃！
Yīng'ér shuìjiào **ne**, bié àn ménlíng!

"～过了" "～来着"

「～するのを済ませた」「～していたな」

🎧 Audio ▶ **51**

① お腹が鳴っているけど、食事を**済ませました**か。

② 先生に尋ね**て**から、返事をします。

③ メールはすでに彼に送りま**した**が、彼から返事がありません。

④ そう言えば、あの時あなたを彼女は大分嫌って**いたよね**。

⑤ どちら様**でした**か。 どうしても思い出せません。

⑥ 前回の授業で私たちは何課まで勉強したん**だっけ**。教えて下さい。

⑦ そうだ、あなたは小さい時ラグビーが好き**だったよね**。

⑧ 携帯電話はすでに充電を**済ませた**のですが、少しも反応がありません。きっと故障したのでしょう。

補足メモ

①. **"呢"** は「～している」という進行を表す語気助詞。

146

◎ "S＋動詞V**过了**（＋目的語O）" ············ ①②③⑧
　　：「Sは（Oを）Vするのを済ませました」
　　　※この場合**"过了"**は予定された動作、習慣的な動作の後ろに
　　　　用いられる。

◎ "S＋動詞V**来着**（＋目的語O）" ············ ④⑤⑥⑦
　　：「Sは（Oを）Vしていたな」
　　　※過去を回想する時に用いられる。

你肚子叫呢，吃**过了**饭没有？
Nǐ dùzi jiào ne, chīguòle fàn méiyou?

等我问**过了**老师，再给你回话。
Děng wǒ wènguòle lǎoshī, zài gěi nǐ huí huà.

我已经给他发**过了**信，可是他没有回信。
Wǒ yǐjīng gěi tā fāguòle xìn, kěshì tā méiyou huíxìn.

对了，那时候她非常讨厌你**来着**。
Duìle, nèi shíhou tā fēicháng tǎoyàn nǐ láizhe.

你是谁**来着**？怎么也想不起来了。
Nǐ shì shéi láizhe? Zěnme yě xiǎngbuqǐlái le.

上次课我们学到第几课**来着**？请告诉我。
Shàngcì kè wǒmen xuédào dì jǐ kè láizhe? Qǐng gàosu wǒ.

对了，你小时候喜欢打橄榄球**来着**。
Duìle, nǐ xiǎoshíhou xǐhuan dǎ gǎnlǎnqiú láizhe.

手机已经充**过了**电。可一点儿也没反应。可能出毛
病了吧。 Shǒujī yǐjīng chōngguòle diàn, kě yìdiǎnr yě méi fǎnyìng.
　　　　　Kěnéng chū máobìng le ba.

⑦．「ラグビーをする」は**"打橄榄球"**と言います。動詞に**"打"**が来ることをしっ
かり覚えておきましょう。

▶慣用表現④

"不但～, 反倒 / 反而…。"

「(～ばかりでなく) かえって…。」

🎧 Audio ▶ **52**

---

① 彼は病み上がりなのに、動きが**かえって**以前よりずっとよくなりました。

---

② 彼らの言い争いは止まない**ばかりか、かえって**さらに激しくなりました。

---

③ 2、3日入院したところ、彼の病状は**かえって**悪化しました。

---

④ 仕事は中途半端にするな。さもないと結果は**かえって**めちゃくちゃになる。

---

⑤ 私は彼の忠告を聞いて、諦めない**ばかりか、かえって**やる気が湧いてきました。

---

⑥ 討論を経て、事は**かえって**もっと解決しにくくなった。

---

⑦ 彼女の釈明に対し、私たちは納得しないばかりか、**かえって**より大きな反感が生まれました。

---

⑧ 私のエラーに対し、監督は叱らない**ばかりか、かえって**私を慰めてくれました。

---

①. "形容詞 (～)+ **多了**" は「(比較してみて) ずっと～だ」という意味の慣用表現。

⑥. "**不好～**" は「～しにくい」という意味の慣用表現。

☆ "反倒 / 反而"「(予想に反して) かえって」

① "(不但 / 不仅～), (S) +反倒…。"
　　:「(～ばかりか)、S はかえって…する」 ················ ③⑦⑧

② "(不但 / 不仅～), (S) +反而…。"
　　:「(～ばかりか)、S はかえって…になる」 ··········· ①②④⑤⑥

※ "反倒""反而"ともに "不但" と呼応して用いられることが多い。

他刚刚疾病初愈，动作**反而**比以前好多了。
Tā gānggāng jíbìng chū yù, dòngzuò **fǎn'ér** bǐ yǐqián hǎo duō le.

他们的争吵**不但**没停止，**反而**更激烈了。
Tāmen de zhēngchǎo **búdàn** méi tíngzhǐ, **fǎn'ér** gèng jīliè le.

住了两、三天院，他的病情**反倒**恶化了。
Zhùle liǎng、sān tiān yuàn, tā de bìngqíng **fǎndào** èhuà le.

工作不要半途而废，不然结果**反而**会更糟。
Gōngzuò bú yào bàntú ér fèi, bùrán jiéguǒ **fǎn'ér** huì gèng zāo.

我听了他的劝阻，**不但**不死心，**反而**涌起了一些干劲儿。　Wǒ tīngle tā de quànzǔ, **búdàn** bù sǐxīn, **fǎn'ér** yǒngqǐle yì xiē gànjìnr.

经过讨论，事情**反而**更不好解决了。
Jīngguò tǎolùn, shìqing **fǎn'ér** gèng bù hǎo jiějué le.

对她的解释，我们**不但**想不通，**反倒**产生了更大的反感。　Duì tā de jiěshì, wǒmen **búdàn** xiǎngbutōng, **fǎndào** chǎnshēngle gèng dà de fǎngǎn.

对我的失误，教练**不但**不批评，**反倒**安慰了我。
Duì wǒ de shīwù, jiàoliàn **búdàn** bù pīpíng, **fǎndào** ānwèile wǒ.

"没想到" "想不到" "哪知道"

「～するとは思わなかった」

🎧 Audio ▶ **53**

1. 彼は**意外にも**こんなにもいい人ですね。すごく親しみやすいですね。

---

2. あなたが来る**とは思いませんでした**。一体どういう風の吹きまわしでしょうか。

---

3. 今日の試合に彼が勝つ**とは思いませんでした**。これは一種の奇跡ですね。

---

4. 彼が結婚する**なんてね**。どういう心境の変化だろうね。

---

5. 彼女は**意外と**アクが強いな。私と彼女はまったく馬が合わない。

---

6. あの店、テレビで紹介されたことがあるのに、**意外と**閑古鳥だね。

---

7. ちょっと筋トレしただけなのに、両足が筋肉痛になる**とは思わなかった**。

---

8. この新商品に対して、もともと期待していなかったのだけど、こんなにヒットする**とは思わなかった**。

補足メモ

④. **"不知～？"** は「なのでしょうか」という疑問の口調を和らげる慣用表現。

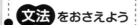

☆ 「〜するとは思わなかった」「意外にも〜だったとは」 という表現

① "没想到＋（S）＋（会）＋〜" ……………………… ①②③
② "想不到＋（S）＋（会）＋〜" ……………………… ④⑤⑧
③ "哪知道＋（S）＋（会）＋〜" ……………………… ⑥⑦

※ "没想到" "想不到" "哪知道" ともに、可能性を表す "会" といっしょに用いられることも多い。

没想到他人品会这么好，颇有亲切感。
Méixiǎngdào tā rénpǐn huì zhème hǎo, pō yǒu qīnqiègǎn.

没想到你会来，到底是什么风把你吹来了？
Méixiǎngdào nǐ huì lái, dàodǐ shì shénme fēng bǎ nǐ chuīlai le?

没想到今天的比赛他会赢，这是一种奇迹。
Méixiǎngdào jīntiān de bǐsài tā huì yíng, zhè shì yì zhǒng qíjì.

想不到他会成家。不知他的心情有何变化？
Xiǎngbudào tā huì chéngjiā. Bù zhī tā de xīnqíng yǒu hé biànhuà?

想不到她个性会这么强，我与她完全合不来。
Xiǎngbudào tā gèxìng huì zhème qiáng, wǒ yǔ tā wánquán hébulái.

那家店，电视节目上曾介绍过，**哪知道**生意会这么萧条？
Nèi jiā diàn, diànshì jiémùshang céng jièshàoguo, **nǎ zhīdao** shēngyi huì zhème xiāotiáo?

我只做了一点儿肌肉锻炼，**哪知道**双腿都疼起来了？
Wǒ zhǐ zuòle yìdiǎnr jīròu duànliàn, **nǎ zhīdao** shuāng tuǐ dōu téng qilai le?

对这种新商品，本来没抱什么希望。**想不到**会这么受欢迎。 Duì zhèi zhǒng xīn shāngpǐn, běnlái méi bào shénme xīwàng.
Xiǎngbudào huì zhème shòu huānyíng.

"不管/无论""即使/就是/哪怕"
「〜に関わらず」「〜するとしても」

🎧 Audio ▶ **54**

① 時間がとれるとれない**に関わらず**、私に連絡を下さい。

② 天気がよくても悪く**ても**、私たちは明日ドライブに出かけます。

③ 理由があるない**に関わらず**、寝坊は寝坊です。よく反省しなさい。

④ どんなにあなたが優れてい**ても**、私はあなたの間違った意見には従えません。

⑤ 私たち二人の距離がどんなに離れて**ても**、私はきっとあなたのことを忘れません。

⑥ 一流選手**でも**ミスは犯します。まして私のような二流の選手はなおさらです。

⑦ 私には守秘義務があります。あなたが大金を積んだとし**ても**言ったりはしません。

⑧ 彼は寒さに強く、雪の日**でも**Tシャツを着ています。

⑤.**"一定不会〜"** は「きっと〜することはありません」という意味の慣用表現。

⑥.**"何况〜呢"** は「まして〜はなおさらだ」という慣用表現。

文法 をおさえよう

☆逆説の接続詞 "不管 / 无论" "即使 / 就是 / 哪怕"
を用いた表現

① "**不管 / 无论**+疑問文 , (S) +**都 / 也 / 还…**"
：「〜に関わらず、(S は)…」 ⋯⋯⋯⋯⋯⋯⋯⋯ ①②③

② "**即使 / 就是 / 哪怕**+平叙文 , (S) +**也 / 还…**"
：「〜するとしても、(S は)…」 ⋯⋯⋯⋯⋯ ④⑤⑥⑦⑧

不管能不能抽出时间，都要跟我联系。
Bùguǎn néng bu néng chōuchū shíjiān, dōu yào gēn wǒ liánxì.

不管天气好不好，我们明天都去兜风。
Bùguǎn tiānqì hǎo bu hǎo, wǒmen míngtiān dōu qù dōufēng.

无论有没有理由，睡懒觉就是睡懒觉。要好好儿反省。
Wúlùn yǒu méiyou lǐyóu, shuì lǎnjiào jiùshì shuì lǎnjiào. Yào hǎohāor fǎnxǐng.

即使你再高明，我也不能听从你错误的意见。
Jíshǐ nǐ zài gāomíng, wǒ yě bù néng tīngcóng nǐ cuòwù de yìjiàn.

即使我们俩相距再远，我也一定不会忘记你的事。
Jíshǐ wǒmen liǎ xiāng jù zài yuǎn, wǒ yě yídìng bú huì wàngjì nǐ de shì.

就是一流选手都会失误，何况我这样的二流选手呢。
Jiùshì yīliú xuǎnshǒu dōu huì shīwù, hékuàng wǒ zhèiyàng de èrliú xuǎnshǒu ne.

我有保密义务，**哪怕**你给我一笔巨款，我也不会说。
Wǒ yǒu bǎomì yìwù, **nǎpà** nǐ gěi wǒ yì bǐ jùkuǎn, wǒ yě bú huì shuō.

他不怕冷，**哪怕**是下雪都穿 T 恤衫。
Tā bú pà lěng, **nǎpà** shì xiàxuě dōu chuān Txùshān.

---

⑦. **"笔"** はあるまとまったお金を数える量詞。

Part 5 慣用表現を覚えよう | 153

55

"亏了／多亏～" "亏你～"

「～のおかげで」「よくも～」

🎧 Audio ▶ 55

---

① オリンピックで金メダルをとった**おかげで**、彼は有名になりました。

---

② ホテルのモーニングコールの**おかげで**、私は時間通りに起きることができました。

---

③ 先生の熱心なご指導の**おかげで**、私はこんなに早く進歩することができました。

---

④ **よくも**人様の家に何日も居候出来るね。本当に厚かましいにも程がある。

---

⑤ こんなくだらない話、**よくも**口に出せるね。本当に空気を読めないね。

---

⑥ あなたみたいなぐうたら社員が、**よくも**こんな大企業で仕事ができるね。

---

⑦ 1年間の職業経験があるとは**よくも**言ったものだね。初心者にも及ばないよ。

---

⑧ 中国留学に行った**おかげだ**、さもなければ、私の中国語のレベルは速く上がることはなかっただろう。

補足メモ

③. **"有了～进步"** は「進歩がみられる」という意味の慣用表現。
⑦. **"连～都不如"** は「～にすら及ばない」という意味の慣用表現。

☆副詞 "亏" 用いた表現

① **"亏了 / 多亏+～，(S) …"**

　：「(幸いにも)～のおかげで、(S は)…」 ········· ①②③⑧

② **"亏+你 (他) +还+動詞，…"**

　：「よくも／図々しくも…したものだ」 ············· ④⑤⑥⑦

亏了在奥运会上获得了金牌，他出名了。
Kuīle zài Àoyùnhuìshang huòdé le jīnpái, tā chūmíng le.

多亏饭店的叫醒服务，我按时起床。
Duōkuī fàndiàn de jiàoxǐng fúwù, wǒ ànshí qǐchuáng.

多亏老师的热心指导，我这么快就有了很大进步。
Duōkuī lǎoshī de rèxīn zhǐdǎo, wǒ zhème kuài jiù yǒule hěn dà jìnbù.

亏你还在别人家待好几天，真是厚颜无耻。
Kuī nǐ hái zài biéren jiā dāi hǎojǐtiān, zhēnshi hòuyán wúchǐ.

这些废话，**亏你还**说得出来。真是感觉迟钝。
Zhèi xiē fèihuà, **kuī nǐ hái** shuōdechūlái. Zhēnshi gǎnjué chídùn.

亏你这样懒惰的职员，还能在这么个大企业工作。
Kuī nǐ zhèiyàng lǎnduò de zhíyuán, hái néng zài zhème ge dàqǐyè gōngzuò.

亏你还说有一年的工作经历。连生手都不如。
Kuī nǐ hái shuō yǒu yì nián de gōngzuò jīnglì.Lián shēngshǒu dōu bù rú.

亏了去中国留学，不然，我的汉语水平还不可能迅
速提高。　**Kuīle** qù Zhōngguó liúxué, bùrán, wǒ de Hànyǔ shuǐpíng
　　　　　　　hái bù kěnéng xùnsù tígāo.

"就是"

「絶対に」「他でもなく」

🎧 Audio ▶ **56**

---

① 私は**絶対に**許さない。今更謝っても無駄だよ。

---

② ダメ**なものは**ダメです。これは在庫処分品です。値下げはできません。

---

③ このパソコンは**とにかく**使いやすいから、あなたの母親でもきっとうまく使いこなせます。

---

④ 言うことを聞か**ないなら**、その結果どうなっても知らないよ。

---

⑤ 彼はテレビゲーム好きで、始めたら5時間**は止まりません**。

---

⑥ 天気予報によると、明日は台風なので、雨が降り出したらしばらく降りそうです。

---

⑦ テレビ番組では、兄はバラエティー**ばかり**見ています。

---

⑧ 夫は家でインターネット**ばかり**やっており、少しも私が家事するのを手伝いません。

補足メモ

⑦. **"向 ＋ 人（〜）＋ 道歉"** は「〜に謝る」という意味の慣用表現。
⑧. **"帮 ＋ 人 ＋ 〜"** は「人が〜するのを手伝う」という意味の慣用表現。

156

☆副詞 "就是" 用いた表現

①強い意志を表す:「絶対に」「とにかく」………… ①②③④
   ※この "就是" は "不+V+就是+不+V"(V しないなら V しない
   までだ)、"一+V+就是+[時間の長さ]"(V するとある時間の長
   さに及ぶ)等の慣用表現で用いられることも多い。

②範囲の限定:「他でもなく」 ………………… ⑤⑥⑦⑧
   ※接続詞の "就是" は第 54 課を参照

我**就是**不原谅你。 事到如今向我道歉也没用。
Wǒ jiùshì bù yuánliàng nǐ, Shì dào rújīn xiàng wǒ dàoqiàn yě méi yòng.

不行**就是**不行，这是库存货，不能降价。
Bù xíng jiùshì bù xíng, zhè shì kùcúnhuò, bù néng jiàngjià.

这台电脑**就是**好用，你妈妈也一定能自如运用。
Zhèi tái diànnǎo jiùshì hǎoyòng, nǐ māma yě yídìng néng zìrú yùnyòng.

你**就是**不听话，那结果不堪设想啊。
Nǐ jiùshì bù tīng huà, nà jiéguǒ bù kān shèxiǎng a.

他喜欢玩儿电子游戏，一玩儿**就是**五个小时。
Tā xǐhuan wánr diànzǐ yóuxì, yì wánr jiùshì wǔ ge xiǎoshí.

据天气预报说，明天会有台风，一下雨**就是**好半天。
Jù tiānqì yùbào shuō, míngtiān huì yǒu táifēng, yí xiàyǔ jiùshì hǎo bàntiān.

电视节目，哥哥**就是**看看综艺之类的。
Diànshì jiémù, gēge jiùshì kànkan zōngyì zhī lèi de.

我先生在家**就是**上网，一点儿也不帮我做家务。
Wǒ xiānsheng zài jiā jiùshì shàngwǎng, yì diǎnr yě bù bāng wǒ zuò jiāwù.

"比起～来"

「～よりも」

🎧 Audio ▶ 57

① 授業内容では、私はリスニング**より**リーディングの方がもっと好き
です。

---

② 私はアルコールが苦手ですから、高級ワインを飲む**より**ジュースを飲
む方が好きです。

---

③ 古都では、私は京都**よりも**奈良の方にもっと愛着があります。

---

④ 彼は映画に行く**よりも**、野球観戦に行きたいと思っています。

---

⑤ 彼**よりも**、あなたの方がもっと心配ですよ。目にクマができてます
よ。

---

⑥ 私は寒がりなので、猛暑**よりも**真冬の方がもっと嫌です。

---

⑦ 私は焼肉**よりも**刺身を食べたいです。

---

⑧ 赤**よりも**、黒の洋服の方が好きです。こちらの方が体にぴったり合い
やすいからです。

⑤. **"眼圈都发黑了"** は「目にクマができる」という意味の慣用表現。

☆目的語を比較する文

◎ **"比起～来，S＋更＋動詞V＋目的語O"**
      ：「～より、SはOをVする」

※目的語の比較文では **"＊我比足球喜欢棒球"** のように構文を用いることができない。

至于课堂内容，**比起**听力**来**，我更喜欢阅读。
Zhìyú kètáng nèiróng, **bǐqǐ** tīnglì **lái**, wǒ gèng xǐhuan yuèdú.

我酒量小，**比起**喝高档的葡萄酒**来**，我更喜欢喝果汁。
Wǒ jiǔliàng xiǎo, **bǐqǐ** hē gāodàng de pútáojiǔ **lái**, wǒ gèng xǐhuan hē guǒzhī.

至于古都，**比起**京都**来**，我更喜欢奈良。
Zhìyú gǔdū, **bǐqǐ** Jīngdū **lái**, wǒ gèng xǐhuan Nàiliáng.

比起看电影**来**，他更喜欢去看棒球比赛。
Bǐqǐ kàn diànyǐng **lái**, tā gèng xǐhuan qù kàn bàngqiú bǐsài.

比起他**来**，我更担心你。你眼圈都发黑了。
Bǐqǐ tā **lái**, wǒ gèng dānxīn nǐ.   Nǐ yǎnquān dōu fā hēi le.

我怕冷，**比起**酷暑**来**，我更讨厌严冬。
Wǒ pà lěng, **bǐqǐ** kùshǔ **lái**, wǒ gèng tǎoyàn yándōng.

比起烤肉**来**，我更想吃生鱼片。
Bǐqǐ kǎoròu **lái**, wǒ gèng xiǎng chī shēngyúpiàn.

比起红衣服**来**，我更喜欢黑色的，这种比较合身。
Bǐqǐ hóng yīfu **lái**, wǒ gèng xǐhuan hēisè de, zhèi zhǒng bǐjiào héshēn.

"也～, 也…。" "又～, 又…。"
「～もするし、…もする」

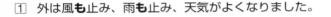

🎧 Audio ▶ 58

① 外は風**も**止み、雨**も**止み、天気がよくなりました。

② このようなこと、私**も**望みませんし、彼**も**望みません。

③ 前田さんは語学好きで、中国語**も**勉強するし、英語**も**勉強します。

④ 野村さんはお酒に強くて、ビール**も**ウォッカ**も**飲みます。

⑤ 彼女は太って**いて**背が高**い**ので、とても目立ちます。

⑥ 彼はかっこいい**し**、親切だ。きっと女性にモテるだろう。

⑦ 李さんは努力家**で**真面目です。本当に尊敬に値する人です。

⑧ この料理は臭く**て**まずい。これじゃ食べれっこない。

⑥. **"帅"**は男性について用います。女性に対して「きれいだ」という場合、**"漂亮 piàoliang"**を使います。

☆ "也""又" を連用させた各種慣用表現

① "S1 ＋也＋〜，S2 ＋也＋…"
: 「S1 も〜するし、S2 も…する」 ················· ①②③
※ "〜" と "…" は同じもしくは似た類の述語となる。

② "S ＋又＋〜，又＋…"
: 「S も〜する上に、…もする」 ····················· ④
: 「S は〜でもあるし、…でもある」············· ⑤⑥⑦⑧

外边风**也**停了，雨**也**停了，天气转好了。
Wàibian fēng **yě** tíng le, yǔ **yě** tíng le, tiānqì zhuǎn hǎo le.

这样的事，我**也**不愿意，他**也**不愿意。
Zhèiyàng de shì, wǒ **yě** bú yuànyi, tā **yě** bù yuànyi.

前田喜欢学习语言，汉语**也**学习，英语**也**学习。
Qiántián xǐhuan xuéxí yǔyán, Hànyǔ **yě** xuéxí, Yīngyǔ **yě** xuéxí.

野村很能喝酒，**又**喝啤酒，**又**喝伏特加酒。
Yěcūn hěn néng hē jiǔ, **yòu** hē píjiǔ, **yòu** hē fútèjiājiǔ.

她**又**胖**又**高，很显眼。
Tā **yòu** pàng **yòu** gāo, hěn xiǎnyǎn.

他**又**帅**又**热情。肯定受女性欢迎。
Tā **yòu** shuài **yòu** rèqíng. Kěndìng shòu nǚxìng huānyíng.

小李**又**努力**又**认真，是值得尊敬的人。
Xiǎo Lǐ **yòu** nǔlì **yòu** rènzhēn, shì zhēn zhídé zūnjìng de rén.

这盘菜**又**有异味**又**不好吃。这样我吃不了。
Zhèi pán cài **yòu** yǒu yìwèi **yòu** bù hǎochī. Zhèi yàng wǒ chībuliǎo.

---

⑦. **"值得〜"** は「〜する価値がある」という慣用表現。

"人人" "件件" "个个" "样样"
"家家" "辆辆" "篇篇" "双双"

🎧 Audio ▶ 59

① このことは、**一人一人**が気をつけないといけません。

② **どの服も**けばけばしくて、彼には似合いません。

③ あの地方産のスイカは**どれもこれも**大きい。

④ レストランの刺身は**どの種類**も生臭く、口に合いません。

⑤ 商店街はさびれていて、店は**どこも**ドアが閉まっています。

⑥ 彼は自家用車を数台持っていますが、**どれも**高級車です。

⑦ 田中さんの書いた文章は、**どの文章も**人気があります。

⑧ 私はディスカウントショップで靴を買いましたが、**どれも**比較的丈夫です。

①. **"人"** には量詞としての用法もあります。
②. **"适合~"** は「~するのに適している」という意味の慣用表現。

☆量詞の重ね型：「どの〜も」という表現

① **"人人"**：「一人一人」 …… ⓵ ⑤ **"家家"**：「どの一軒も」… ⑤
② **"件件"**：「どの服も」 …… ② ⑥ **"辆辆"**：「どの一台も」… ⑥
③ **"个个"**：「どれもこれも」 ③ ⑦ **"篇篇"**：「どの文章も」… ⑦
④ **"样样"**：「どの種類も」 … ④ ⑧ **"双双"**：「どの一足も」 ⑧

这件事，**人人**都得小心。
Zhèi jiàn shì, **rénrén** dōu děi xiǎoxīn.

件件衣服都很花哨，不适合他穿。
Jiànjiàn yīfu dōu hěn huāshao, bú shìhé tā chuān.

那个地方产的西瓜**个个**都很大。
Nèige dìfang chǎn de xīguā **gègè** dōu hěn dà.

餐厅的生鱼片**样样**都很腥，吃不来。
Cāntīng de shēngyúpiàn **yàngyàng** dōu hěn xīng, chībulái.

商业街很冷落，**家家**都关着门。
Shāngyèjiē hěn lěngluò, **jiājiā** dōu guānzhe mén.

他有几辆私家车，**辆辆**都是高档的。
Tā yǒu jǐ liàng sījiāchē, **liàngliàng** dōu shì gāodàng de.

田中写的文章**篇篇**都很受欢迎。
Tiánzhōng xiě de wénzhāng **piānpiān** dōu hěn shòu huānyíng.

我在廉价商店买的鞋，**双双**都比较结实。
Wǒ zài liánjià shāngdiàn mǎi de xié, **shuāngshuāng** dōu bǐjiào jiēshi.

④. **"样"** は種類を数える量詞。

"以免" "省得" "免得"

「…しないように、〜する」

🎧 Audio ▶ **60**

① お父さんが心配**しないように**、早く連絡しなさい。

② 彼は上司に嫌われ**ないように**、いつもお世辞を言っています。

③ 私は睡魔に襲われ**ないように**、デスクワークを始める前には毎回コーヒーを飲みます。

④ 道に迷わ**ないように**、地図を持って行って下さい。

⑤ あなたに余計な心配をかけ**ないように**、彼はこの事をずっと秘密にしていました。

⑥ 道でまたガソリンを入れなければならないことの**ないように**、ガソリンは満タンにしておくべきです。

⑦ 今後またこんなことが起こら**ないように**、あなたにしっかり忠告しておきます。

⑧ 今後に未練を残さ**ないように**、あなたのことはきっぱり忘れます。

⑤. **"担多余的心"** の **"担心"** は離合詞。全体で「動詞 **"担"** ＋目的語 **"多余的心"**」の形になっています。

補足メモ

164

☆「…しないように、～する」という表現

① "～, **以免** (S) …" ……… [1][2][3]

② "～, **省得** (S) …" ……… [4][5][6]

③ "～, **免得** (S) …" ……… [7][8]

※語順に注意！ "＊**以免** …, ～" という語順は不可。

你快跟你爸爸联系，**以免**他担心。

Nǐ kuài gēn nǐ bàba liánxì, **yǐmiǎn** tā dānxīn.

他总是奉承上司，**以免**上司讨厌他。

Tā zǒngshì fèngcheng shàngsi, **yǐmiǎn** shàngsi tǎoyàn tā.

我每次开始案头工作都要喝咖啡，**以免**睡魔缠身。

Wǒ měicì kāishǐ àntóu gōngzuò dōu yào hē kāfēi, **yǐmiǎn** shuìmó chánshēn.

你带着地图去，**省得**迷路。

Nǐ dàizhe dìtú qù, **shěngde** mílù.

他对这件事一直都保密，**省得**让你担多余的心。

Tā duì zhèi jiàn shì yìzhí dōu bǎomì, **shěngde** ràng nǐ dān duōyú de xīn.

加油应该加满，**省得**在路上再去找加油站。

Jiā yóu yīnggāi jiāmǎn, **shěngde** zài lùshang zài qù zhǎo jiāyóuzhàn.

我好好儿警告你，**免得**以后再发生这样的事情。

Wǒ hǎohāor jǐnggào nǐ, **miǎnde** yǐhòu zài fāshēng zhèiyàng de shìqing.

我把你彻底忘掉，**免得**以后还恋恋不舍。

Wǒ bǎ nǐ chèdǐ wàngdiào, **miǎnde** yǐhòu hái liànliàn bù shě.

---

[7]. **"好好儿 V"** は「しっかり V する」という意味の慣用表現。**"好好儿"** の読み方「3声＋1声」になっていることに注意。

"～,以…" "～,以便…"

「…するように、～する」

🎧 Audio ▶ **61**

1 顧客を安心させ満足させられる**ように**、私たちはさらにもっと商品の質をあげていきたいと思います。

2 輝かしい未来を勝ち取る**ように**、学生は日々勉学に励んで**います**。

3 奨学金をもらう**ため**、彼は毎日勉学に励んで**います**。

4 私たち夫婦は勉学の機会を失った児童を救っていき、**以て**社会に貢献していきたいと思います。

5 私はいつでも連絡がとれる**よう**、ふだんいつも携帯電話の電源を入れて**います**。

6 いつでも知らない単語を調べられる**ように**、彼はいつも辞書を携帯しています。

7 雨が降ったとき、雨具を忘れた人が使える**ように**、ここには常に雨傘のいくつかが備わっています。

8 彼女は老後の生活に備え**て**、毎月月給から一万円を貯蓄に回し**ています**。

8. **"存起来"**の**"起来"**は動詞の後につけて、「一か所にまとめる／まとまる」ことを表します。

☆「…するように、〜する」という表現

① "〜，以 …"：「…するように、〜する」… 1️⃣2️⃣3️⃣4️⃣8️⃣

② "〜，以便 …"：「…するように、〜する」……5️⃣6️⃣7️⃣

※語順に注意！ "*以 / 以便 …，〜" という語順は不可。

我们还将进一步提高食品质量，**以**让顾客放心满意。
Wǒmen hái jiāng jìnyíbù tígāo shípǐn zhìliàng, **yǐ** ràng gùkè fàngxīn mǎnyì.

学生每天认真学习，**以**争取光辉的未来。
Xuésheng měitiān rènzhēn xuéxí, **yǐ** zhēngqǔ guānghuī de wèilái.

他每天都很用功，**以**求获得奖学金。
Tā měitiān dōu hěn yònggōng, **yǐ** qiú huòdé jiǎngxuéjīn.

我们夫妻开展救助失学儿童活动，**以**为社会做出贡献。
Wǒmen fūqī kāizhǎn jiùzhù shīxué értóng huódòng, **yǐ** wèi shèhuì zuòchū gòngxiàn.

我平时总是开着手机，**以便**随时都可以联系。
Wǒ píngshí zǒngshì kāizhe shǒujī, **yǐbiàn** suíshí dōu kěyǐ liánxì.

他平时总带着词典，**以便**随时可以查不认识的词。
Tā píngshí zǒng dàizhe cídiǎn, **yǐbiàn** suíshí kěyǐ chá bú rènshi de cí.

这里总备有部分雨伞，**以便**供下雨时忘带雨具的人使用。 Zhèlǐ zǒng bèiyǒu bùfen yǔsǎn, **yǐbiàn** gōng xiàyǔ shí wàng dài yǔjù de rén shǐyòng.

她从每个月薪水中拿出一万日元存起来，**以**准备晚年生活之用。 Tā cóng měi ge yuè xīnshuizhōng náchū yí wàn rìyuán cúnqilai, **yǐ** zhǔnbèi wǎnnián shēnghuó zhī yòng.

"不知～"

「～でしょうか」「～だか知らないが」

🎧 Audio ▶ 62

① 彼は来るの**でしょうか**。彼はいつも気ままだからな。

② 彼は僕の意図を分かっている**のかな**。まったくもう。

③ なぜだか**知らないけど**、あなたを見ると毒を吐きたくなるんだよね。

④ 誰だった**かな**、あなたを探し回っていたよ。

⑤ なぜだか**知らないけど**、彼は突然私に対して冷たくなりました。

⑥ 彼は浪費癖がひどくて、昨晩も衝動買いでいくら使った**ことか**。

⑦ 私は興味ないのですが、あなたはどう**思いますか**。

⑧ 昨日彼は一体どこに行っていた**のだい**。約束をすっぽかしちゃって。

補足メモ

②. **"明白"**の反復疑問文**"明白不明白"**は**"明不明白"**と最初の**"白"**
を省略することができます。

②. **"真是的"**は「まったくもう」という意味の慣用表現。

☆疑問の語調を和らげる "不知"

◎ "**不知**＋疑問文？"：「〜でしょうか」………… 1278

☆ "不知" を用いた挿入表現

◎ "**不知**＋疑問文（〜），"：「〜だか知らないが，」 … 3456

不知他来不来？ 他总是随心所欲。
Bù zhī tā lái bu lái?　Tā zǒngshi suí xīn suǒ yù.

不知他明不明白我的意图？ 真是的。
Bù zhī tā míng bu míngbai wǒ de yìtú?　Zhēn shì de.

不知怎么，我一看到你就想说一些尖刻的话。
Bù zhī zěnme, wǒ yí kàndào nǐ jiù xiǎng shuō yìxiē jiānkè de huà.

不知是谁，有人在找你呢。
Bù zhī shì shéi, yǒu rén zài zhǎo nǐ ne.

不知为什么，他突然对我冷淡起来。
Bù zhī wèi shénme, tā tūrán duì wǒ lěngdànqilai.

他浪费的毛病很厉害，昨晚一时冲动**不知**花了多少钱。
Tā làngfèi de máobìng hěn lìhai, zuówǎn yìshí chōngdòng **bù zhī** huāle duōshao qián.

我没有兴趣，**不知**你怎么想？
Wǒ méiyou xìngqù, **bù zhī** nǐ zěnme xiǎng?

昨天**不知**他到底去哪儿了？ 又爽约了。
Zuótiān **bù zhī** tā dàodǐ qù nǎr le?　Yòu shuǎngyuē le.

---

4. **"有人在〜"** で、「誰かが〜している」という意味の慣用表現。

▶慣用表現⑮

"难免" "免不了"
「避けられない」「免れない」

🎧 Audio ▸ **63**

① 挑戦にはリスクが伴うことは**避けられない**よ。恐れないで。

② こんなに大きな地震が起こったのだから、赤字は**避けられない**な。

③ 彼は守備があんなに下手なら、いくつかのエラーは**避けられない**よ。

④ あなたね！ このままじゃ、恥をかく**ことになる**よ。

⑤ これ以上逆らうなら、更迭は**免れない**よ。

⑥ しっかりしなさい。そんなにだらけていたら、試験に合格なんかできませんよ。

⑦ そんなにくよくよするな。誰でも物事が不調の時はあるよ。

⑧ あなたほんとにまあガツガツした食べっぷりだ、これじゃみんなから「豚ちゃん」と呼ばれ**ちゃう**よ。

補足メモ

④. **"这样下去"** は「このようにし続ける」という意味の慣用表現。

☆ **"难免" "免不了"** を用いた表現。

① **"～,（会）难免 / 免不了…"**

　:「～するならば、…するのは避けられない」… ②③④⑤⑥⑧

② **"(S)难免 / 免不了…"**

　:「(S は)…するのは避けられない／…するものだ」…… ①⑦

挑战**难免**伴随风险。 别怕。
Tiǎozhàn **nánmiǎn** bànsuí fēngxiǎn. Bié pà.

发生了这么大的地震，**难免**出现亏空。
Fāshēngle zhème dà de dìzhèn, **nánmiǎn** chūxiàn kuīkong.

他守备能力那么差，**免不了**有几个失误。
Tā shǒubèi nénglì nàme chà, **miǎnbuliǎo** yǒu jǐge shīwù.

你看你！ 这样下去，**免不了**丢脸。
Nǐ kàn nǐ! Zhèiyàngxiaqu, **miǎnbuliǎo** diūliǎn.

要是你再这样违抗，**难免**会被解除职务的。
Yàoshi nǐ zài zhèiyàng wéikàng, **nánmiǎn** huì bèi jiěchú zhíwù de.

振作起来，你那么懒惰的话，**免不了**考试不及格。
Zhènzuòqilai, nǐ nàme lǎnduò de huà, **miǎnbuliǎo** kǎoshì bù jígé.

别这么想不开呀！谁也**免不了**有事情不顺利的时候。
Bié zhème xiǎngbukāi ya! Shéi yě **miǎnbuliǎo** yǒu shìqing bú shùnlì de shíhou.

你吃起饭来真是狼吞虎咽，这样**难免**会被大家说成
"小猪"。 Nǐ chīqǐ fàn lái zhēnshi láng tūn hǔ yàn, zhèiyàng **nánmiǎn** huì bèi dàjiā shuōchéng xiǎozhū.

---

⑧. **"吃起饭来"** は **"動詞 '吃' ＋方向補語 '起' ＋目的語 '饭' ＋方向動詞 '来'"** になっています。

64

"之所以～"

「～なのは」

🎧 Audio ▶ **64**

① 私が彼を抜擢した**のは**、適当な人材がいなかった**からです**。

② 私が彼に警告した**のは**、彼が人のタブーに触れた**からです**。

③ 彼があなたに辛く当たる**のは**、あなたのあの配慮に欠いた発言**のためです**。

④ 私がこう言う**のは**、あなたのことを思う**ためです**。くれぐれも誤解しないで下さい。

⑤ 私が彼をクビにした**のは**、経費節減の**ためです**。彼が無能だというわけではありません。

⑥ 私が彼の要求をのんだ**のは**、彼の熱意に押された**からです**。

⑦ 私が中国留学に行く**のは**、自分の中国語のレベルを上げる**ためです**。

⑧ 私が英語を勉強する**のは**、就職活動に役立つ**からです**。

 ②."触犯～的忌讳"は「～のタブーに触れる」という意味の慣用表現。

☆ 「(S) が～なのは…だからだ」という表現

① "(S)＋之所以～，是因为…" ……………… 1 2 3 4 6

② "(S)＋之所以～，是为了…" ………………………… 5

③ "(S)＋之所以～，为的是…" …………………… 7 8

我**之所以**提拔他，**是因为**没有适当的人选。
Wǒ **zhī suǒyǐ** tíba tā, **shì yīnwèi** méiyou shìdàng de rénxuǎn.

我**之所以**劝告他，**是因为**他触犯了人家的忌讳。
Wǒ **zhī suǒyǐ** quàngào tā, **shì yīnwèi** tā chùfànle rénjia de jìhuì.

他**之所以**对你很严厉，**是因为**你那句缺乏顾虑的话。
Tā **zhī suǒyǐ** duì nǐ hěn yánlì, **shì yīnwèi** nǐ nèi jù quēfá gùlǜ de huà.

我**之所以**这么说，**是因为**关心你。千万别误会。
Wǒ **zhī suǒyǐ** zhème shuō, **shì yīnwèi** guānxīn nǐ. Qiānwàn bié wùhuì.

我**之所以**解雇他，**是为了**节省经费。不是他无能。
Wǒ **zhī suǒyǐ** jiěgù tā, **shì wèile** jiéshěng jīngfèi. Bú shì tā wúnéng.

我**之所以**答应他的要求，**是因为**他的热情打动了我。
Wǒ **zhī suǒyǐ** dāying tā de yāoqiú, **shì yīnwèi** tā de rèqíng dǎdòngle wǒ.

我**之所以**去中国留学，**为的是**提高自己的汉语水平。
Wǒ **zhī suǒyǐ** qù Zhōngguó liúxué, **wèi de shì** tígāo zìjǐ de Hànyǔ shuǐpíng.

我**之所以**学习英语，**为的是**有利于找工作。
Wǒ **zhī suǒyǐ** xuéxí Yīngyǔ, **wèi de shì** yǒulìyú zhǎo gōngzuò.

5. **"是～，不是…。"** は「～であり、…というわけではない」という意味の慣用表現。
6. **"答"** は **"答应"** で用いられる際は第一声。

"关于～" "有关～"

「～に関して」

🎧 Audio ▶ **65**

① あのこと**に関して**、秘密にしなきゃだめだよ。誰にも漏らさないでください。

② いかなる人脈を作ること**に関して**も、彼の提案はとてもよい。

③ 省エネ**に関して**は、彼女が熟知しているので、彼女に教えてもらうべきです。

④ 自分のこと**に関して**、私は他人の世話にはなりません。

⑤ 昨日起こったこと**に関して**は、気にしないでください。あなたとは関係ありません。

⑥ これはイタリア語**に関する**本です。読んで分かりますか。

⑦ 私は料理を作るのが好きで、料理**に関する**本をたくさん読んでいます。

⑧ 彼は日本史**に関する**知識がとても豊富で、みんなが彼を歴史博士と呼んでいます。

① **"请勿～"** は「～しないで下さい」という意味の慣用表現。
③ **"向～请教"** は「～に教えを請う」という意味の慣用表現。

☆ "关于" "有关"「に関して」を用いた表現

◎ "关于（ 〜 的）＋名詞 N" ························· 1 2 3 4 5
　　：「〜（の N）に関して」

◎ "关于 ／ 有关 〜 的＋名詞 N" ··················· 6 7 8
　　：「〜に関する N」

关于那件事，你得保密，请勿泄漏。
Guānyú nèi jiàn shì, nǐ děi bǎomì, qǐng wù xièlòu.

关于如何建立人际关系的问题，他的提案非常好。
Guānyú rúhé jiànlì rénjì guānxi de wèntí, tā de tí'àn fēicháng hǎo.

关于节能，她很熟悉，应该向她请教。
Guānyú jiénéng, tā hěn shúxī, yīnggāi xiàng tā qǐngjiào.

关于自己的事情，我不需要别人的照顾。
Guānyú zìjǐ de shìqing, wǒ bù xūyào biéren de zhàogu.

关于昨天发生**的**事，不要介意。 跟你没有关系。
Guānyú zuótiān fāshēng **de** shì, bú yào jièyì. 　Gēn nǐ méiyou guānxi.

这是**关于**意大利语**的**书。 看得懂吗？
Zhè shì **guānyú** Yìdàlìyǔ **de** shū. 　　Kàndedǒng ma?

我喜欢做菜，看了很多**有关**烹调**的**书。
Wǒ xǐhuan zuò cài, kànle hěn duō **yǒuguān** pēngtiáo **de** shū.

他**有关**日本历史的知识非常丰富，大家称他为历史
博士。 Tā **yǒuguān** Rìběn lìshǐ de zhīshi fēicháng fēngfù, dàjiā chēng tā wéi lìshǐ bóshì.

---

8. **"称＋人＋为＋〜"** は「人を〜と呼ぶ」という意味の慣用表現。

▶慣用表現⑱

"因为～" "为了～"

「～のために」

🎧 Audio ▶ 66

---

① 彼は面接試験でアピール不足だった**ために**、派遣留学生として選ばれませんでした。

---

② 彼は生活がたるんでいる**ために**、かつて先生にしかられたことがあります。

---

③ 監督の指揮がうまくいかず、私たちのチームは逆転負けしました。

---

④ あなた今日は本当にたくさん食べるね。——**だって**昨日の晩から何も食べてないんだもん。

---

⑤ 税理士試験に合格する**ために**、彼は毎日徹夜で勉強しています。

---

⑥ 労働条件の改善を**ために**、従業員たちはストライキを起こし始めました。

---

⑦ 私に会う**ために**、彼は忙しい生活の中時間を割いてくれました。

---

⑧ ペナントレース優勝の**ために**、選手たちはひたむきに精進しています。

---

①. ④. **"V 得～"** は「V した感じが～だ」という意味の慣用表現。

☆日本語の「〜のために」に対応する "因为" "为了"

◎ **"因为"** を用いた表現

"因为＋[原因]〜（, 所以）…" ················· ①②③④

◎ **"为了"** を用いた表現

"为了＋[目的]〜, …" ························· ⑤⑥⑦⑧

因为他面试时宣传得不够，**所以**没被选为派遣留学生。
Yīnwèi tā miànshì shí xuānchuánde bú gòu, **suǒyǐ** méi bèi xuǎnwéi pàiqiǎn liúxuéshēng.

因为他生活懒散，曾被老师批评过一次。
Yīnwèi tā shēnghuó lǎnsǎn, céng bèi lǎoshī pīpíngguo yícì.

因为教练指挥不灵，我们队反胜转为败。
Yīnwèi jiàoliàn zhǐhuī bù líng, wǒmen duì fǎn shèng zhuǎn wéi bài.

你今天吃得真多哇。——**因为**从昨晚什么都没吃。
Nǐ jīntiān chīde zhēn duō wa. Yīnwèi cóng zuówǎn shénme dōu méi chī.

为了税理士考试合格，他每天熬夜学习。
Wèile shuìlǐshì kǎoshì hégé, tā měitiān áoyè xuéxí.

为了改善劳动条件，职工都开始罢工了。
Wèile gǎishàn láodòng tiáojiàn, zhígōng dōu kāishǐ bàgōng le.

为了跟我见一面，他从很忙的生活中抽出时间来。
Wèile gēn wǒ jiàn yí miàn, tā cóng hěn máng de shēnghuózhōng chōuchū shíjiān lái.

为了在职业棒球锦标赛中赢得冠军，选手们一心一意地钻研。 Wèile zài zhíyè bàngqiú jǐnbiāosàizhōng yíng dé guànjūn, xuǎnshǒumen yì xīn yí yì de zuānyán.

---

①. **"被选为〜"** は「〜に選ばれる」という意味の慣用表現。

67

"～什么的" "什么～呀"
「～など」「～したり、～したり」

🎧 Audio ▶ **67**

---

① 私は音楽を聴い**たり**、テレビを見**たり**するのが好きです。

---

② 日曜日、私は部屋掃除や買い物**など**をしています。

---

③ 私はレストランで、料理を運ん**だり**、皿洗いを**したり**しています。

---

④ 飲み物では、彼はブラック・コーヒー、オレンジジュース**など**が好きです。

---

⑤ 今の子供は皆テレビゲームを**したり**、携帯電話をいじっ**たり**するのを好みます。

---

⑥ 料理、掃除、洗濯**など**、彼は全てやります。

---

⑦ 彼女は器用で、家事、子育て、仕事**など**、全てしっかりやっています。

---

⑧ 野菜は、トマト、ニンジン、ピーマン**など**、彼女は全て嫌いです。

---

②. **"去 V V"** は「ちょっと V しに行く」という意味の慣用表現。

☆ 「〜など」と列挙する慣用表現

① "S＋動詞V＋〜＋**什么的**"

:「Sは〜をVしたりなどする／
〜などをVする」·················· ①②③④⑤

② "（什么＋）〜**呀**, S＋**都**＋動詞V"

:「〜など、Sは全てVする」············· ⑥⑦⑧

我喜欢听音乐、看电视**什么的**。
Wǒ xǐhuan tīng yīnyuè, kàn diànshì **shénme de**.

礼拜天，我打扫打扫房间，去买买东西**什么的**。
Lǐbàitiān, wǒ dǎsǎodasao fángjiān, qù mǎimai dōngxi **shénme de**.

我在餐厅端端菜、洗洗盘子**什么的**。
Wǒ zài cāntīng duānduan cài、xǐxi pánzi **shénme de**.

关于饮料，他喜欢喝黑咖啡、澄汁**什么的**。
Guānyú yǐnliào, tā xǐhuan hē hēikāfēi、chéngzhī **shénme de**.

现在的孩子都爱玩儿电子游戏、手机**什么的**。
Xiànzài de háizi dōu ài wánr diànzǐ yóuxì、shǒujī **shénme de**.

什么做饭**呀**、打扫房间**呀**、洗衣服**呀**，他都做。
Shénme zuò fàn **ya**、dǎsǎo fángjiān **ya**、xǐ yīfu ya, tā dōu zuò.

她很灵巧，**什么**做家务**呀**、培养孩子**呀**、工作**呀**，
都能办好。 Tā hěn língqiǎo, **shénme** zuò jiāwù **ya**、péiyǎng háizi ya、gōngzuò ya、dōu néng bànhǎo.

至于蔬菜，西红柿**呀**、红萝卜**呀**、青椒**呀**，她都不
喜欢吃。 Zhìyú shūcài, xīhóngshì **ya**、hóngluóbo **ya**、qīngjiāo **ya**、tā dōu bù xǐhuan chī.

⑤.「テレビゲームをする」は **"玩儿电子游戏"**。動詞 **"玩儿"** を使うことに注意。

68

"不巧" "无奈" "遗憾" "可惜"
「あいにく」

🎧 Audio ▶ **68**

---

① 本当に**タイミング悪いよ**、全部食べちゃったよ。あきらめなさい。

---

② 私が彼の所へ出向いた時、**タイミング悪く**彼は留守でした。後でまた訪ねます。

---

③ 本当に**タイミング悪いよ**、彼に誘われたので、仕方なく彼と飲みに行くしかない。

---

④ 明日は収録だけど、**しようがない**ことに彼は喉を傷めてしまいました。恐らく録音は無理でしょう。

---

⑤ **残念ながら**、道路はひどい渋滞で、見たところ間に合いそうにありません。

---

⑥ **残念ながら**バスはもう行ってしまった。次のバスは３０分後だ。

---

⑦ **惜しいけど**時間なので、先に失礼します。また来週にお会いしましょう。

---

⑧ 本当に**惜しい**、李さんはもう少しのところで奨学金を獲得できませんでした。

①. **"光"**は動作の結果、「すっかりなくなる」ことを表す結果補語。

☆ 「あいにく」という意味を表す表現

① "不巧"：「タイミングが悪い」 .... [1][2][3]
② "无奈"：「しようがない」 .... [4]
③ "遗憾"：「残念である」 .... [5][6]
④ "可惜"：「惜しい」 .... [7][8]

真**不巧**，全部都吃光了。死心吧。
Zhēn **bùqiǎo**, quánbù dōu chīguāng le. Sǐxīn ba.

我去找他的时候，**不巧**，他不在家。 以后再去访问。
Wǒ qù zhǎo tā de shíhou, **bùqiǎo**, tā bú zài jiā. Yǐhòu zài qù fǎngwèn.

真是**不巧**。他约了我，我不能不陪他一起去喝酒。
Zhēnshì **bùqiǎo**. Tā yuēle wǒ, wǒ bù néng bù péi tā yìqǐ qù hē jiǔ.

明天录音，**无奈**他伤了嗓子，恐怕录不成音了。
Míngtiān lùyīn, **wúnài** tā shāngle sǎngzi, kǒngpà lùbuchéng yīn le.

很**遗憾**，路上堵得厉害，看来赶不上了。
Hěn **yíhàn**, lùshang dǔde lìhai, kànlái gǎnbushàng le.

很**遗憾**，公共汽车已经走了。下一趟车过三十分钟才来。
Hěn **yíhàn**, gōnggòng qìchē yǐjīng zǒu le. Xià yí tàng chē guò sānshí fēnzhōng cái lái.

可惜时间到了，我先告辞了。下周再见吧。
Kěxī shíjiān dàole, wǒ xiān gàocí le. Xiàzhōu zài jiàn ba.

真**可惜**，小李差点儿拿到奖学金。
Zhēn **kěxī**, XiǎoLǐ chàdiǎnr nádào jiǎngxuéjīn.

[4]. "**成**"は動作の結果、動作の目的が達成されることを表す結果補語。

"只有〜" "除非〜" "因为〜"

「〜てこそ…」「〜でない限り…ない」

🎧 Audio ▶ **69**

1　あなたが彼女を怒らせたのだから、あなたが謝ら**ないとだめじゃない**。

2　何だらだらやっているのだ。全力を出さ**なきゃ**彼には勝て**ない**よ。

3　ピンインができないと、辞書を引くときうまく使いこ**なせません**。

4　あなたが彼に心から謝ら**ない**限り、彼はあなたを許さ**ない**だろうね。

5　彼は鈍感だからね。本音を言わ**なきゃ**、彼は分から**ない**よ。

6　びびるんじゃない。人が実現不可能なこと**だからこそ**挑戦してみる価値があるのだよ。

7　このことはあなた**しか**解決できません。頼みますよ。

8　デジタルカメラはバッテリーがあっ**て初めて**使いものになります。じゃないと、ただの鉄くずです。

補足メモ

4. **"除非 V 才〜"** は「V してこそ〜」という意味の慣用表現。
7. **"靠你了"** は「頼みますよ」という意味の慣用表現。

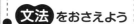

☆ "才" を用いた呼応表現

① "只有～，(S) 才…"：「～してこそ、(S は)…」
「～でない限り、(S は)…ない」 ………………… [1][2][3][5][7]

② "除非～，(S) 才…"：「～してこそ、(S は)…」
「～でない限り、(S は)…ない」 ………………… [4]

③ "因为～，(S) 才…"：「～だからこそ、(S は)…」 … [6][8]

你生了她的气，**只有**你向她道歉**才**行。
Nǐ shēngle tā de qì, **zhǐyǒu** nǐ xiàng tā dàoqiàn **cái** xíng.

你拖拖拉拉干什么？**只有**竭尽全力，你**才**能打得过他。
Nǐ tuōtuolālā gàn shénme?　**Zhǐyǒu** jiéjìn quánlì, nǐ cái néng dǎdeguò tā.

只有会拼音，查字典时**才**能得心应手。
Zhǐyǒu huì pīnyīn, chá zìdiǎn shí **cái** néng dé xīn yìng shǒu.

除非你衷心地向他道歉，他**才**会原谅你。
Chúfēi nǐ zhōngxīn de xiàng tā dàoqiàn, tā **cái** huì yuánliàng nǐ.

他很迟钝，**只有**你向他说心里话，他**才**会明白。
Tā hěn chídùn, **zhǐyǒu** nǐ xiàng tā shuō xīnlihuà, tā **cái** huì míngbai.

别害怕，正**因为**是别人无法实现的事儿，**才**有挑战价值。 Bié hàipà, zhèng **yīnwèi** shì biéren wúfǎ shíxiàn de shìr, **cái** yǒu tiǎozhàn jiàzhí.

这件事**只有**你**才**能解决。全靠你了。
Zhèi jiàn shì **zhǐyǒu** nǐ **cái** néng jiějué. Quán kào nǐ le.

数码相机**因为**有蓄电池**才**有用，不然只是一块铁屑。
Shùmǎ xiàngjī **yīnwèi** yǒu xùdiànchí **cái** yǒuyòng, bùrán zhǐ shì yí kuài tiěxiè.

"多〜" "少〜"

「多めに〜」「少なめに〜」「増やす」「減らす」

🎧 Audio ▶ **70**

---

① やっぱり、しんどいわ。ちょっとバイトの**量減らそ**うかな。

---

② おなかの調子が悪いのだから、ご飯を食べる**量を少なめに**ね。

---

③ 今学期は単位が足りていないので、数コマ**多めに**履修しないといけません。

---

④ 熱が出ているのだから、薬を**多めに**飲みなさい。

---

⑤ 何時間仕事したの？　1、2時間**多めに**休むべきだよ。

---

⑥ 今日は寒いから、風邪ひかないように**多めに**服着なよ。

---

⑦ このコーヒーちょっと苦いので、砂糖を2、3個**増やそ**う。

---

⑧ お酒の**量を減らし**たら。肝臓によくないよ。

---

①.**"打工"**（アルバイトをする）は「動詞**"打"**＋目的語**"工"**」という形の離合詞。
③.**"节"**は授業のコマ数を数える量詞。

☆副詞 "多""少" を用いた慣用表現

① "S＋多＋動詞 V ＋数量"：「S はある数多めに V する」
「S は V する量をある数増やす」
⋯⋯ ③④⑤⑥⑦

② "S＋少＋動詞 V ＋数量"：「S はある数少なめに V する」
「S は V する量をある数減らす」
⋯⋯⋯ ①②⑧

还是很辛苦，我**少**打一点儿工吧。
Háishi hěn xīnkǔ, wǒ **shǎo** dǎ yìdiǎnr gōng ba.

肚子不好，你**少**吃一点儿饭吧。
Dùzi bù hǎo, nǐ **shǎo** chī yìdiǎnr fàn ba.

这学期学分不够，我得**多**选几节。
Zhèi xuéqī xuéfēn búgòu, wǒ děi **duō** xuǎn jǐ jié.

你发烧了，**多**吃点儿药。
Nǐ fāshāo le, **duō** chī diǎnr yào.

你工作了多长时间？应该**多**休息一、两个小时。
Nǐ gōngzuòle duō cháng shíjiān? Yīnggāi **duō** xiūxi yī, liǎng ge xiǎoshí.

今天很冷，你**多**穿几件衣服吧，省得着凉。
Jīntiān hěn lěng, nǐ **duō** chuān jǐ jiàn yīfu ba, shěngde zháoliáng.

这杯咖啡有点儿苦。你**多**加两、三块糖吧。
Zhèi bēi kāfēi yǒudiǎnr kǔ. Nǐ **duō** jiā liǎng, sān kuài táng ba.

你**少**喝一点儿酒吧。对肝脏不好。
Nǐ **shǎo** hē yìdiǎnr jiǔ ba. Duì gānzàng bù hǎo.

"你看～" "看你～"

「ほら～」「～ときたら」

🎧 Audio ▶ **71**

① **ほら**、彼があそこで君に手を振っているよ。

② **ほら**、僕の言った通りでしょう。

③ あなたの**この**眼中に人なしという態度**ときたら**、本当にむかつく。

④ 彼の**あの**度胸**ときたら**、本当に感心するよ。

⑤ 試して**みて**。味はなかなかいけるでしょう。

⑥ 考えて**みな**さい。こんなのまるで無謀じゃない。

⑦ もういい。もういい。あなたに**免じて**今回は許してあげよう。

⑧ 私に**免じて**、今回は手を引いてくれませんか。

④. **"真是令人～"** は「本当に～だ」という意味の慣用表現。
⑥. **"简直是～"** は「まるで～だ」という意味の慣用表現。

☆ "看" を用いた慣用表現

① **"你看，～"**：「ほら、～」‥‥‥‥‥‥‥‥‥‥‥‥‥ [1][2]

② **"看你 / 他+这 / 那 +量詞+名詞(…)，～"**
：「あなたの／彼のこの／あの(…)のときたら、～」‥‥ [3][4]

③ **"(S) +動詞 V +動詞 V +看"**：「(S は)ちょっと V してみる」‥‥ [5][6]

④ **"看在+人(～)+的面子上，…"**：「～に免じて、(S は)…する」[7][8]

你看，他在那儿向你挥手呢。
Nǐ kàn, tā zài nàr xiàng nǐ huīshǒu ne.

你看，事情跟我说的一样吧。
Nǐ kàn, shìqing gēn wǒ shuō de yíyàng ba.

看你这种目中无人的态度，真恶心。
Kàn nǐ zhèi zhǒng mù zhōng wú rén de tàidù, zhēn ěxīn.

看他那个胆量，真是令人佩服。
Kàn tā nèige dǎnliàng, zhēnshi lìng rén pèifu.

试试看，味道还可以吧。
Shìshi kàn, wèidao hái kěyǐ ba.

想想看，这样简直是胡闹啊。
Xiǎngxiang kàn, zhèiyàng jiǎnzhí shì húnào a.

算了，算了。**看在**你的**面子上**，我这次原谅你。
Suàn le, suàn le.　**Kànzài** nǐ de **miànzi shang**, wǒ zhèicì yuánliàng nǐ.

看在我的**面子上**，这次能撒手不干吗？
Kànzài wǒ de **miànzi shang**, zhèicì néng sāshǒu bú gàn ma?

[8]. **"撒手不干"** は一つの表現として覚えておきましょう。

"就～

「他でもなく～」「だけ」「すぐに」

🎧 Audio ▶ **72**

① 私は**他でもなく**中国語学科の学生です。これくらいできて当たり前です。

② 私の故郷は**まさしく**奈良です、東京ではありません。

③ 彼女は**他でもなく**私の親友です。どうして嫌うことができるのですか。

④ 他のものはいらないから、これ**だけ**ほしいです。

⑤ 私があなたにできることはこれ**だけ**です。その他は自分の力で解決して下さい。

⑥ 今忙しいので、5分したら**すぐに**行きます。

⑦ 仕事が終わったら**すぐに**伺います。もう少し待って下さい。

⑧ 彼女を叱ると、彼女は**すぐに**泣き始めました。

補足メモ

① **"这么点儿事"** は「これくらい」という意味の慣用表現。
⑥ **"马上就～"** は「すぐに～する」という意味の慣用表現。

☆ "就" を用いた慣用表現①

① "S＋就是〜"：「S は他でもなく〜している。」・・・・・・・・・ ①②③
② "S＋就＋動詞 V＋目的語 O"：「S は O しか V しない。」・・・④⑤
　　※目的語 (O) の部分では、数量を伴うことが多い。
③ "S＋马上就＋動詞 V"：「S はすぐに V する。」・・・・・・・・・・・・・・⑥
④ "(〜)，(S)＋就＋動詞 V"：「(〜すると)、(S は) すぐに V する」
　　　　　　　　　　　　　　　　　　　　　　　　・・・・・・・・・・・・・⑦⑧

我**就**是中文系的学生。这么点儿事儿当然会。
Wǒ **jiù** shì Zhōngwénxì de xuésheng. Zhème diǎnr shìr dāngrán huì.

我的故乡**就**是奈良，不是东京。
Wǒ de gùxiāng **jiù** shì Nàiliáng, bú shì Dōngjīng.

她**就**是我的好朋友。怎么能厌烦她？
Tā **jiù** shì wǒ de hǎopéngyou. Zěnme néng yànfán tā?

别的东西都不要。我**就**要这个。
Bié de dōngxi dōu bú yào. Wǒ **jiù** yào zhèige.

我能帮你的**就**这一点，其它你自己去解决吧。
Wǒ néng bāng nǐ de **jiù** zhèi yì diǎn, qítā nǐ zìjǐ qù jiějué ba.

现在正忙，过五分钟，我马上**就**去。
Xiànzài zhèng máng, guò wǔ fēnzhōng, wǒ mǎshàng **jiù** qù.

做完工作我**就**去找你。再等一会儿。
Zuòwán gōngzuò wǒ **jiù** qù zhǎo nǐ. Zài děng yìhuǐr.

我一批评她，她**就**哭起来了。
Wǒ yì pīpíng tā, tā **jiù** kūqilai le.

⑧. **"一〜就…"** は「〜するとすぐに…する」という意味の慣用表現。

"～就…"

「～にはもう…」「～なら…」

🎧 Audio ▶ 73

① 彼は１２歳で**もう**大学で勉強しています。いわゆる天才少年です。

② 彼女は３カ月勉強して**もう**中国語をマスターした。

③ 彼は５か月のバイトで**もう**様々な事務を任され始めています。

④ １人でできないの**なら**、私たち２人が助け合えばいいんだよ。

⑤ 私一人**で**十分です。他の人の助けは要りません。

⑥ もし関連資料がほしい**なら**、送ってあげますよ。

⑦ **こうしよう**。あなたに留守番してもらって、僕が君の代わりに行きましょう。

⑧ 分かった、そうしましょう。この件はあなたにお任せします。

補定メモ

④. **"～就行了"** は「～したらいいじゃない」という意味の慣用表現。
⑥. **"给你寄去"** の部分、**"寄"** は「郵送する」という意味。**"去"** は話し手の位置から離れていくことを表します。

文法をおさえよう

☆ "就" を用いた慣用表現②

① "S＋時間＋就〜了"：「S は ある時間には もう〜している」

　　　　　　　　　　　　　　　　　　　　　　　⋯⋯⋯⋯⋯⋯⋯⋯⋯ 1 2 3

　※文末の "了" と呼応することが多い。

② "〜，（S）＋就…"：「〜するならば、（S は）…する。」 4 5 6 8

③ "就＋这样＋吧"：「こういうことにしましょう」⋯⋯⋯⋯⋯ 7

他十二岁**就**上了大学，所谓天才少年。

Tā shí'èr suì **jiù** shàngle dàxué, suǒwèi tiāncái shàonián.

她学了三个月**就**学会汉语**了**。

Tā xuéle sān ge yuè **jiù** xuéhuì Hànyǔ **le**.

他打了五个月的工**就**开始担任各种事务**了**。

Tā dǎle wǔ ge yuè de gōng **jiù** kāishǐ dānrèn gè zhǒng shìwù **le**.

你一个人干不了，我们俩互相帮助**就**行了。

Nǐ yígerén gànbuliǎo, wǒmen liǎ hùxiāng bāngzhù **jiù** xíng le.

有我一个人**就**够了，不需要别人的帮助。

Yǒu wǒ yí ge rén **jiù** gòu le, bù xūyào biéren de bāngzhù.

如果你要有关资料，我**就**给你寄去。

Rúguǒ nǐ yào yǒuguān zīliào, wǒ **jiù** gěi nǐ jìqu.

就这样吧。你看家，我替你去。

Jiù zhèiyàng ba. Nǐ kān jiā, wǒ tì nǐ qù.

好，**就**看你的了。这件事都交给你了。

Hǎo, **jiù** kàn nǐ de le.　Zhèi jiàn shì dōu jiāo gěi nǐ le.

---

7. **"看家"** の **"看"** は 1 声であることに注意。

"不再~了" "再也不~了"

「これ以上~ない」「二度と~ない」

🎧 Audio ▶ **74**

---

① 私はさっきからずっと食べていて、おなかいっぱいです。**これ以上食べられません**。

---

② 昼間に私は6時間寝たので、**これ以上**眠れ**ません**。

---

③ 私たちはもう別れたのだから、**二度と**会い**ません**。

---

④ 私はあの場所に苦い思い出があるので、たぶん**二度と**行くことはないでしょう。

---

⑤ 私が**どんなに**説得しても、彼は話を聞か**ない**。どうなっても知らないよ。

---

⑥ 内容が難しいので、**どんなに**事細かに解説してもみんな分から**ない**。

---

⑦ これはものすごい侮辱だよ。**これ以上**むかつくことは**ない**ね。

---

⑧ 私も同席していいのですか。**こんな**嬉しいことは**ない**ですよ。

補足メモ

②. **"睡觉"**（眠る）は「動詞**"睡"**＋目的語**"觉"**」という形の離合詞。

文法 をおさえよう

☆ "再" を用いた慣用表現

① "S＋不能再〜了"：「Sはこれ以上〜できない。」 …… □1□2
② "S＋再也不／没有〜了"：「Sは二度と〜しない。」… □3□4
③ "再…, (S) 也〜"：「どんなに…でも (Sは) 〜」……… □5□6
④ "再也没有＋形容詞＋了"：「これ以上〜なことはない」……□7
⑤ "再＋形容詞 (〜) ＋不过了"：「これ以上〜なことはない」 □8

我从刚才一直在吃饭，吃饱了，**不能再**吃了。
Wǒ cóng gāngcái yìzhí zài chī fàn, chībǎo le, **bù néng zài** chī le.

中午我睡了六个小时觉，**不能再**睡了。
Zhōngwǔ wǒ shuìle liù ge xiǎoshí jiào, **Bù néng zài** shuì le.

我们已经分手了，**再也不**要见面了。
Wǒmen yǐjīng fēnshǒu le, **zài yě bú** yào jiànmiàn le.

我对那个地方有痛苦的回忆，大概**再也不**会去了吧。
Wǒ duì nèige dìfang yǒu tòngkǔ de huíyì, dàgài **zài yě bú** huì qù le ba.

我**再**怎么劝，他**也**听不进去。结果将会怎么样我不管。
Wǒ **zài** zěnme quàn, tā **yě** tīngbujìnqù. Jiéguǒ jiāng huì zěnmeyàng wǒ bù guǎn.

内容很难，我**再**详细地讲，大家**也**不懂。
Nèiróng hěn nán, wǒ **zài** xiángxì de jiǎng, dàjiā **yě** bù dǒng.

你这句话是天大的侮辱。**再也没有**比这更恶心的了。
Nǐ zhèi jù huà shì tiāndà de wǔrǔ. **Zài yě méiyou** bǐ zhè gèng ěxīn de le.

我也可以同席而坐吗？真是**再**高兴**不过了**。
Wǒ yě kěyǐ tóngxí ér zuò ma? Zhēnshi **zài** gāoxìng**buguo le**.

□7. **"人 [〜] ＋这 (一) 句话"** は「〜の一言」という意味の慣用表現。

"正好" "正巧" "幸亏"

「折よく」「ちょうど」「あいにく」「おかげで」

🎧 Audio ▶ **75**

① 私は彼を探していましたが、**折よく**出くわしました。

② 以前大学で紛失した財布が**ちょうど**届けられました。

③ 外出する時、**あいにく**雨が降り始めた。傘を持って行こう。

④ **ちょうど**彼が来た。私達彼を誘って一緒に行こうよ。

⑤ 私は不注意な発言をし、**運悪く**彼の琴線に触れてしまいました。本当に後悔しています。

⑥ すみません、彼は**あいにく**遊びに行っています。彼が帰ってくるのを待ちますか。

⑦ あなたが助けてくれた**おかげで**、私のこの仕事は終わらせられます。ご飯おごりますよ。

⑧ 中国語を勉強した**おかげで**、スムーズに就職することができました。

補足メモ

③. **"刚要 V,（就）～"** は「V しようとすると、～」という慣用表現。
⑤. **"说话不小心"** は直訳気味にすると「話の仕方が不注意だった」という意味になります。

194

☆「タイミングがよい／悪い」という類の慣用表現

① "(S) **正好**〜 / **正好** S 〜"：「(S) は折よく〜 / 折よくSは〜」

　　　　　　　　　　　　　　　　　　　　　　 .... 1 2 4

② "(S) **正巧**〜 / **正巧** S 〜"：「(S) はあいにく〜 / あいにくSは〜」

　　　　　　　　　　　　　　　　　　　　　　 .... 3 5 6

③ "**幸亏** S 〜"：「〜のおかげで」 7 8

我在找他，**正好**碰上他了。
Wǒ zài zhǎo tā, **zhènghǎo** pèngshang tā le.

以前在大学遗失的钱包**正好**被送来了。
Yǐqián zài dàxué yíshī de qiánbāo **zhènghǎo** bèi sònglai le.

刚要出去，**正巧**下雨了。带雨伞去。
Gāng yào chūqu, **zhèngqiǎo** xiàyǔ le. Dài yǔsǎn qù.

正好他来了，我们约他一起去吧。
Zhènghǎo tā láile, wǒmen yuē tā yìqǐ qù ba.

我说话不小心，**正巧**触到了他的伤心处。真后悔。
Wǒ shuōhuà bù xiǎoxīn, **zhèngqiǎo** chùdàole tā de shāngxīnchù. Zhēn hòuhuǐ.

不好意思，他**正巧**去玩儿，你等他回来吗？
Bùhǎoyìsi, tā **zhèngqiǎo** qù wánr, nǐ děng tā huílai ma?

幸亏你帮助，我这活儿干得完。我来请你吃饭。
Xìngkuī nǐ bāngzhù, wǒ zhèi huór gàndewán.　Wǒ lái qǐng nǐ chī fàn.

幸亏我学习汉语，顺利地找到了工作。
Xìngkuī wǒ xuéxí Hànyǔ, shùnlì de zhǎodàole gōngzuò.

7.「あなたにご飯をおごる」という意味の慣用表現。直訳すれば、兼語文（初級編 70 課）なので、「あなたにおごってご飯を食べさせる」という意味になります。中国語に訳す時は、兼語文の形で表現することをしっかりと頭に入れておきましょう。

50
音順

フレーズ
トレーニング

ここでは本文のセンテンス(文)中で使用している フレーズ(句)を50音順に「日本語⇒中国語」で配列してあります。音声を聴いて覚えましょう。このトレーニングをすることで本文の作文がしやすくなります。

【あ】

□ オリンピックで金メダルをとった

⇒ 在奥运会上获得了金牌 55- [1]
zài Àoyùnhuìshang huòdéle jīnpái

🎧 Audio ▶ 81 　　　　【か】

□ 解決方法 ⇒ 解决办法 35- [8]
jiějué bànfǎ

□ 外食する ⇒ 在外面吃饭 18- [1]
zài wàimian chī fàn

□ 顔中しわだらけだ ⇒ 满脸都是皱纹 44- [8]
mǎnliǎn dōu shì zhòuwén

□ 輝かしい未来を勝ち取る

⇒ 争取光辉的未来 61- [2]
zhēngqǔ guānghuī de wèilái

□ がさつな性格 ⇒ 性格粗鲁 3- [6]
xìnggé cūlǔ

□ 家事するのを手伝う ⇒ 帮～做家务 56- [8]
bāng　zuò jiāwù

□ 風邪ひかないように ⇒ 省得着凉 70- [6]
shěngde zháoliáng

□ ガソリンは満タンにして おくべき

⇒ 加油应该加满 60- [6]
jiāyóu yīnggāi jiāmǎn

□ 活字嫌い ⇒ 不喜欢铅字印刷品 44- [6]
bù xǐhuan qiānzì yìnshuāpǐn

□ 彼の要求をのむ	⇒ 答应他的要求 dāying tā de yāoqiú	64- 6
□ 彼らの言い争い	⇒ 他们的争吵 Tāmen de zhēngchǎo	52- 2
□ 彼をちらりと見た	⇒ 看了他一眼 kànle tā yì yǎn	37- 4
□ 彼を誘って一緒に行こう	⇒ 约他一起去吧 yuē tā yìqǐ qù ba	75- 4
□ 彼を一発ぶん殴る	⇒ 打他一拳 dǎ tā yì quán	37- 5
□ 閑古鳥だ	⇒ 生意这么萧条 shēngyì zhème xiāotiáo	53- 6
□ 肝臓によくない	⇒ 对肝脏不好 duì gānzàng bù hǎo	70- 8
□ 監督の指揮がうまくいかない	⇒ 教练指挥不灵 jiàoliàn zhǐhuī bù líng	66- 3

🎧 Audio ▶ 82

【き】

□ 規則に基づいて行動する	⇒ 按规章行动 àn guīzhāng xíngdòng	41- 1
□ 来たのはあなただけ	⇒ 来的只有你一个人 lái de zhǐyǒu nǐ yí ge rén	50- 2
□ きっぱり忘れる	⇒ 彻底忘掉 chèdǐ wàngdiào	60- 8

🎧 Audio ▶ 83 　　【く】

🎧 Audio ▶ 84 【け】

🎧 Audio ▶ 87　　　　　　　【し】

□ 自家用車を数台持っている

⇒ **有几辆私家车**　　59- ⑥
yǒu jǐ liàng sījiāchē

□ 時間通り来る　　⇒ **按时来**　　21- ⑥
ànshí lái

□ 時間通りに起きる　⇒ **按时起床**　　55- ②
ànshí qǐchuáng

□ 自虐的なギャグ　⇒ **自虐噱头**　　31- ⑧
zìnüè xuétóu

□ 試験問題を聞き出す　⇒ **问出个考试题来**　　35- ④
wènchū ge kǎoshìtí lái

□ しっかりする　⇒ **振作起来**　　63- ⑥
zhènzuòqilai

□ しっかり忠告する　⇒ **好好儿警告**　　60- ⑦
hǎohāor jǐnggào

□ 知ったことか　⇒ **管他(她)呢**　　46- ①
guǎn tā ne

□ 自分で決める　⇒ **自己做主**　　47- ⑤
zìjǐ zuòzhǔ

□ 自分の信念に基づいて行う

⇒ **按照自己的信念做**　　41- ⑧
ànzhào zìjǐ de xìnniàn zuò

□ 社会に貢献する　⇒ **为社会做出贡献**　　61- ④
wèi shèhuì zuòchū gòngxiàn

🎧 Audio ▶ 90　　【そ】

☐ 外に漏らす　　⇒ 泄露出去　　45-④
　　　　　　　　　xièlòuchuqu

☐ そんなにくよくよするな ⇒ 别这么想不开　　63-⑦
　　　　　　　　　　　　　bié zhème xiǎngbukāi

🎧 Audio ▶ 91　　【た】

☐ 対応の方法を調整する ⇒ 调整对待方式　　41-⑦
　　　　　　　　　　　　tiáozhěng duìdài fāngshì

☐ 互いに分かり合う　⇒ 互相谅解　　46-⑤
　　　　　　　　　　　hùxiāng liàngjiě

☐ 他人の言葉をとらえてケチをつける　　36-①
　　　⇒ 抓住别人的话去找茬儿
　　　　zhuāzhù biéren de huà qù zhǎo chár

☐ 他人の世話にならない ⇒ 不需要别人的照顾　　65-④
　　　　　　　　　　　　bù xūyào biéren de zhàogu

☐ 他人のものをとる　⇒ 拿别人的东西　　43-④
　　　　　　　　　　　ná biéren de dōngxi

☐ 単位が足りていない ⇒ 学分不够　　70-③
　　　　　　　　　　　xuéfēn búgòu

🎧 Audio ▶ 92　　【ち】

☐ 地方産のスイカ　⇒ 地方产的西瓜　　59-③
　　　　　　　　　　dìfang chǎn de xīguā

🎧 Audio ▶ 93　　　【つ】

🎧 Audio ▶ 94　　　【て】

□ 徹夜で勉強する　⇒ 熬夜学习　66-⑤
áoyè xuéxí

□ テレビで紹介されたことがある
　　　　　　　　⇒ 电视节目上曾介绍过　53-⑥
diànshì jiémùshang céng jièshàoguo

□ 手を引く　　　　⇒ 撒手不干　71-⑧
sāshǒu bú gàn

□ 天気がよくなった　⇒ 天气转好了　58-①
tiānqì zhuǎn hǎo le

□ 天気予報によると　⇒ 据天气预报说　56-⑥
jù tiānqì yùbào shuō

🎧 Audio ▶ 95　　　　【と】

□ どういう風の吹きまわしだろうか
　　　　　　　　⇒ 什么风把你吹来了　53-②
shénme fēng bǎ nǐ chuīlái le

□ 東京一福岡間　　⇒ 东京和福冈之间　38-③
Dōngjīng hé Fúgāng zhījiān

□ どうしても思い出せない　⇒ 怎么也想不起来　51-⑤
zěnme yě xiǎngbuqǐlái

□ 同席する　　　　⇒ 同席而坐　74-⑧
tóngxí ér zuò

□ どうなっても知らない　⇒ 结果将会怎么样我不管　74-⑤
jiéguǒ jiāng huì zěnmeyàng wǒ bù guǎn

□ 道路はひどい渋滞　⇒ 路上堵得厉害　68-⑤
lùshang dǔde lìhai

🎧 Audio ▶ 96 **【な】**

□ 何もできない	⇒ **什么都不能做** shénme dōu bù néng zuò	48- ②
□ 何とも言えない	⇒ **不好说什么** bù hǎo shuō shénme	46- ④

🎧 Audio ▶ 97　　　**【に】**

□ 苦い思い出がある	⇒ **有痛苦的回忆** yǒu tòngkǔ de huíyì	74- ④

🎧 Audio ▶ 98　　　**【ね】**

□ 熱意に押された	⇒ **热情打动了我** rèqíng dǎdòngle wǒ	64- ⑥
□ 寝付けない	⇒ **睡不着觉** shuìbuzháo jiào	35- ⑥
□ 根はいいやつ	⇒ **心眼儿很好** xīnyǎnr hěn hǎo	46- ③
□ 寝坊は寝坊	⇒ **睡懒觉就是睡懒觉** shuì lǎnjiào jiùshì shuì lǎnjiào	54- ③
□ 年俸の高騰	⇒ **薪水的高涨** xīnshui de gāozhǎng	12- ⑦

🎧 Audio ▶ 99　　　**【の】**

□ 喉を傷めた	⇒ **伤了嗓子** shāngle sǎngzi	68- ④

□ ひたむきに精進する ⇒ **一心一意地钻研** 66- 8
yì xīn yí yì de zuānyán

□ 必死に働く ⇒ **拼命地干活儿** 8- 8
pīnmìng de gànhuór

□ 左バッターと対戦する ⇒ **跟左打者对阵** 41- 2
gēn zuǒ dǎzhě duì zhèn

□ （商品が）ヒットする ⇒ **受欢迎** 53- 8
shòu huānyíng

□ 人が実現不可能なこと ⇒ **别人无法实现的事儿** 69- 6
biéren wúfǎ shíxiàn de shìr

□ 人様の家に何日も居候する ⇒ **在别人家待好几天** 55- 4
zài biéren jiā dāi hǎojǐtiān

□ 人のタブーに触れる ⇒ **触犯人家的忌讳** 64- 2
chùfàn rénjia de jihuì

□ 人の心を掌握するのが得意 ⇒ **善于掌握人心** 41- 7
shànyú zhǎngwò rénxīn

□ 冷や汗が出る ⇒ **出一身冷汗** 37- 7
chū yì shēn lěnghàn

🎧 Audio ▶ 102　　　　**【ふ】**

□ 服がけばけばしい ⇒ **衣服都很花哨** 59- 2
yīfu dōu hěn huāshao

□ 二日酔いが覚めない ⇒ **宿醉未醒** 28- 5
sùzuì wèi xǐng

□ プライドがある ⇒ **有自尊心** 43- 4
yǒu zìzūnxīn

🎧 Audio ▶ 105 　　　　【ま】

□ 毎回の食事 　　⇒ **每顿饭** 　　　　37- 1
　　　　　　　　měi dùn fàn

□ 毎日勉学に励んでいる ⇒ **每天都很用功** 　61- 3
　　　　　　　　měitiān dōu hěn yònggōng

□ また訪ねる 　　⇒ **再去访问** 　　　　68- 2
　　　　　　　　zài qù fǎngwèn

□ 町を歩き回る 　⇒ **在街上逛来逛去** 　35- 7
　　　　　　　　zài jiēshang guànglai guàngqu

□ まったくもう 　⇒ **真是的** 　　　　46- 8
　　　　　　　　zhēn shì de

□ まるで無謀 　　⇒ **简直是胡闹** 　　71- 6
　　　　　　　　jiǎnzhí shì húnào

□ 満面の笑み 　　⇒ **笑容满面** 　　　44- 7
　　　　　　　　xiàoróng mǎnmiàn

🎧 Audio ▶ 106 　　　　【む】

□ 無視した態度を取る ⇒ **采取无视态度** 　45- 2
　　　　　　　　cǎiqǔ wúshì tàidu

🎧 Audio ▶ 107 　　　　【め】

□ メールかファックスで知らせる

　　⇒ **发电子邮件或传真来通知** 36- 4
　　　　fā diànzǐ yóujiàn huò chuánzhēn lái tōngzhī

□ 山田さんの穴を埋める	⇒ 填补山田的空缺 tiánbǔ Shāntián de kòngquē	47- ③
□ 病み上がり	⇒ 疾病初癒 jíbìng chū yù	52- ①
□ やる気が湧いてきた	⇒ 涌起了一些干劲儿 yǒngqǐle yì xiē gànjìnr	52- ⑤

🎧 Audio ▶ 110　　　【ゆ】

| □ 有名になった | ⇒ 出名了
chūmíng le | 55- ① |

🎧 Audio ▶ 111　　　【よ】

□ よく反省する	⇒ 好好儿反省 hǎohāor fǎnxǐng	54- ③
□ 余計な心配をする	⇒ 担多余的心 dān duōyú de xīn	60- ⑤
□ 予選で落選する	⇒ 预赛中落选 yùsàizhōng luòxuǎn	9- ⑧
□ 酔っぱらった後の醜態	⇒ 喝醉后出的洋相 hēzuì hòu chū de yángxiàng	44- ①
□ より大きな反感が生まれる	⇒ 产生更大的反感 chǎnshēng gèng dà de fǎngǎn	52- ⑦

🎧 Audio ▶ 112　　　【ら】

| □ 楽観視できない | ⇒ 不容乐观
bùróng lèguān | 14- ⑦ |

🎧 **Audio ▶116**

【わ】

☐ 私達の側にある	⇒ 在我们这边 zài wǒmen zhèibian	35- ③
☐ 私に大金を積む	⇒ 给我一笔巨款 gěi wǒ yì bǐ jùkuǎn	54- ⑦
☐ 私に10万円送金する	⇒ 汇给我十万日元 huì gěi wǒ shíwàn rìyuán	20- ⑤
☐ 私に対して冷たくなる	⇒ 对我冷淡起来 duì wǒ lěngdànqilai	62- ⑤
☐ 私に一声かけて下さい	⇒ 告诉我一声 gàosu wǒ yì shēng	49- ⑧
☐ 私に免じて	⇒ 看在我的面子上 kànzài wǒ de miànzishang	71- ⑧
☐ 私の意図が分かる	⇒ 明白我的意图 míngbai wǒ de yìtú	62- ②
☐ 私のエラーに対し	⇒ 对我的失误 duì wǒ de shīwù	52- ⑧
☐ 私の足を踏みつけた	⇒ 踩了我一脚 cǎile wǒ yì jiǎo	37- ⑥
☐ 私は気にしない	⇒ 我无所谓 wǒ wúsuǒwèi	49- ⑦

新出単語索引

※索引には、単語がどの課で出てきたのか分かる
　ように、初出の課・例文の番号を記しています。

【品詞】

名 …… 名詞		**前** ……… 前置詞
動 …… 動詞		**接** ……… 接続詞
形 …… 形容詞		**助動** …… 助動詞
副 …… 副詞		**代** …… 代名詞
量 …… 量詞		**助** ……… 助詞

ピンイン順 新出単語索引

ピンイン順 新出単語索引

H

ピンイン順 新出単語索引

ピンイン順 新出単語索引

240

ピンイン順 新出単語索引

243

ピンイン順 新出単語索引

ピンイン順 新出単語索引

248

著者　**平山 邦彦** （ひらやま くにひこ）

1975 年生まれ。熊本県出身。1998 年 3 月東京外国語大学外国
語学部中国語学科卒業。2000 年 3 月東京外国語大学大学院地域
文化研究科博士前期課程修了。2000 年 9 月—2002 年 7 月 中
国政府奨学金留学生（高級進修生）として北京大学へ留学。現在、
拓殖大学外国語学部教授。NHK ラジオ「まいにち中国語」講師
（2012 年 4-6 月、2013 年 10-12 月）。専門は、中国語学。

改訂新版 口を鍛える中国語作文
―語順習得メソッド― 上級編

2017 年 11 月 10 日　　第 1 版第 1 刷発行
2020 年 6 月 10 日　　改訂新版第 1 刷発行

著者：平山 邦彦

中国語ナレーション：于 暁飛
装丁・本文デザイン：松本 田鶴子
カバー・本文イラスト：iStock.com/johnwoodcock
協力：張 明傑（インフォーマント）/ 于 暁飛（インフォーマント）
　　　趙 嘉穎 / 毛利 曜 / 江川 莉恵子

発行人：坂本由子
発行所：コスモピア株式会社
　　　　〒 151-0053　東京都渋谷区代々木 4-36-4　MC ビル 2F
営業部：TEL: 03-5302-8378 email: mas@cosmopier.com
編集部：TEL: 03-5302-8379 email: editorial@cosmopier.com

https://www.cosmopier.com/　［コスモピア・全般］
https://e-st.cosmopier.com/　［コスモピア e ステーション］
https://www.e-ehonclub.com/　［英語の絵本クラブ］

印刷：シナノ印刷株式会社
音声編集：株式会社メディアスタイリスト

コスモピア・ダウンロードステーション

PC をお使いの方の
音声無料ダウンロードについて

PC をお使いの方は下記の方法で音声をご利用ください。

① 「コスモピアオンラインショップ」に会員登録（無料）

https://cosmopier.net/shop/

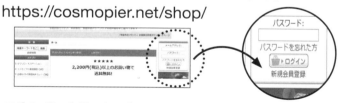

② ログイン後、左側のカテゴリーの一番上にある「ダウンロードステーション」をクリック。

③ 「ダウンロードステーション」で該当書籍を選ぶ。

ダウンロードしたい音声がある書籍を選び、「Go!」をクリック。音声は PC の一括ダウンロード用圧縮ファイル（ZIP 形式）でのご提供です。解凍してお使いください。

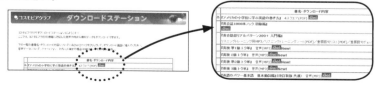

中国語らしい発音になる！

中上級〜

四声完全マスター

著者：胡 興智

A5 判 228 ページ
本体 **2,000** 円＋税

特に四声の「壁」を感じている中級者におすすめ!!

　四声は、日本人にとって難関のひとつ。四声を間違えただけで、「中国語を勉強しています」と言ったつもりが「韓国語を勉強しています」になったり、「大雨が降ってきた」が「大きな魚がいっぱい降ってきた」になるのですから、やっかいです。

　中国語はひとつの文字に基本的に四声があり、二音節になると 15 通りもの組み合わせになります。本書はまるごと 1 冊が四声のトレーニング本。「見ないで聞く」「見ながら読む」「音声を聞いて復唱する」をはじめとするトレーニングで、どんどん声に出します。

本書の特徴

●段階を踏んだトレーニング

一音節からスタートして、二音節、三音節、四音節、五音節と、少しずつ確実にレベルアップする流れ。練習に使う語句や文は、日常のあいさつや決まり文句、旅行の必須表現、レストランやショッピングで使う定番表現、ビジネスで頻繁に使われる言い回しなど、実用的。発音練習がそのまま使える会話力へとつながります。

●基本語 1,000 語をマスター

練習素材は日常的によく使う基本語を中心に、中検や HSK でよく出る 500 語を含めた約 1,000 語を厳選して作成。さらに重要文法をほぼ網羅し、四声の練習をしながら文法の復習もできるように工夫しています。